纪连海点评

中华上下五千年

事件卷

纪连海
——
著

中国工人出版社

序　言

作为《纪连海点评中华上下五千年》一书的序，需要做三点说明。

一是介绍。

这部名为《纪连海点评中华上下五千年》的书稿，实际上是分了上、中、下三卷的：上卷为人物卷，中卷为事件卷，下卷为器物卷。我们力图从三个不同的角度，为广大的读者朋友们展示一个比较完整的中华上下五千年的方方面面。

作为事件卷，本书首先是一本以中国历史上发生过的那些重大的历史事件、重要的制度建设、世界闻名的重大科技发明为主要内容的历史故事书。对于广大的读者朋友来说，以故事的形式普及上述历史知识更容易让他们、尤其是青少年读者接受。我们学习历史，最直接的渠道就是听故事，生动有趣的故事能够激发我们学习历史的兴趣。

本书还是一本精选历史书。书中精选的三十个重大历史事件、重要制度建设、重大科技发明，都对中国，乃至对世界的历史进程产生了非常重大的影响。作为中国历史的重要组成部分，了解了这些重大历史事件、重要制度建设、重大科技发明的来龙去脉，既是为了直观地了解中华上下五千年曾经的辉煌，更是为了更好地展望中国更加辉煌的未来。

本书更是一本青春励志书。本书所选的三十个重大历史事件、重要制度建设、重大科技发明，对我们有很多启示。通过学习这些知识，还能帮助我们树立正确的人生观和价值观。

二是解释。

我们知道，五千年的中国古代史里面，重大历史事件、重要制度建设、重大科技发明实在是太多太多了，如何取舍，本书也是进行了认真斟酌。

以人才选拔制度为例，我们只选择了科举制，而对于同样影响重大的察举制和九品中正制，只是作为科举制的背景加以简单介绍。以丝绸之路为例，我们重点讲述了丝绸之路的来龙去脉，而对于张骞“凿空”西域、班超经营西域很少涉及或根本没有涉及。

这样做的目的，只要是为了用更少的篇幅去努力让广大的读者、尤其是青少年读者了解更多的重大历史事件、重要制度建设、重大科技发明，而刻意回避了中小学历史教材和《纪连海点评中华上下五千年．人物卷》中已经介绍得比较详细的内容。

三是感谢。

这部名为《纪连海点评中华上下五千年》的书稿得以出版，首先要感谢“学而思”这个 APP 平台，虽然今天他们的处境非常艰难，但当时是他们邀请我在他们的平台上先后主讲了《纪连海给青少年讲上下五千年》《纪连海给青少年讲清朝十大人物》《纪连海给青少年讲课本里的大事件》等内容，这才有了让我们换个角度学习历史的思考和努力，进而有了《纪连海点评中华上下五千年》的书稿的雏形。

《纪连海点评中华上下五千年》的书稿得以出版，还要感谢中国工人出版社的领导和编辑。是出版社相关人员的不断努力，才使得《纪连海点评中华上下五千年》由声音（音频）变成了文字，让我在追求著作本身的道路上又前进了一步。是出版社编辑的细致工作，才使得《纪连海点评中华上下五千年》一书中的错漏减少到最小的程度。

是为序。

纪连海

2022 年 5 月 15 日于北京朝阳来广营

目录

第七章 文化交流

第一章　政权更迭

秦朝建立

公元前238年，秦王嬴政开始亲政。在李斯等人的协助下，从公元前230年到公元前221年，共计10年的时间，秦国先后消灭了韩、赵、魏、楚、燕、齐六国，结束了长达500多年的诸侯割据的局面，建立了秦王朝，嬴政自称“始皇”，史称秦始皇。其实，秦国除了秦始皇，还有许多诸如秦非子、秦襄公、秦献公、秦孝公、秦惠文王、秦武王、秦昭襄王等杰出的君王，若没有他们为秦国打下良好基础，秦始皇也无法统一天下。

秦始皇（公元前259—公元前210年）

中国古代政治家、战略家、改革家，是首次完成中国大一统的政治人物，中国历史上第一位使用“皇帝”称号的君主。

强大的综合国力

商鞅变法在各国变法中是最为全面彻底的，秦国借此提升了综合国力，成长为最强大、最富裕的国家。变法仅持续了十几年，秦国面貌便焕然一新，国家富强，百姓安居乐业，真正地做到了路不拾遗、夜不闭户。各国国君都派使者前来祝贺，其中就包括了周天子，他给秦孝公送了礼，并封他为“方伯”。

军事上，由于奖励军功政策的实施，武器和装备得到改良，越发先进，秦国也得以培养起了一支极为精锐的军队。这支军队人数最多时达到“带甲之士百万”，兵种也出现了步、车、骑的划分。强大的军事实力更有利于对外扩张，秦国也很快付诸行动。在之后的一段时间里，秦国向南吞并汉中和巴蜀，向北攻破了义渠和陇西……中原大部分地区都已处于秦国势力的控制范围，秦国逐渐成长为统一中国的中心力量。

人才的广泛任用

逐渐强大起来的秦国也很快开始了征服六国的计划，这让很多军事实力较弱的国家感到恐慌，其中便包括韩国。韩国虽为战国七雄之一，但也没什么和秦国正面抵抗的勇气，于是只好采取迂回战术。韩国派了一位名叫郑国的水工去往秦国，鼓动秦王修建水渠，想借此来消耗秦国的人力与物力。只是终究还是纸里包不住火，知道真相的秦王恼羞成怒，决定处死郑国，并且放弃水渠工程，后经郑国苦苦哀求，并发誓将功赎罪，方才作罢。

只是从此，秦王便留下了一块心理阴影，总觉得这些东方六国的所谓人才都心怀鬼胎，加上本国宗室也不太待见这些人，总是在他耳边说东说西，时间久了，搞得秦王也很是厌烦。最后，秦王干脆发布了《逐客令》，

知识链接：《谏逐客书》

这篇散文言辞铿锵有力，慷慨激昂，成功说服了秦王嬴政，使他收回命令，将逐客变为重客。这不仅是一篇好散文，更是一个好谋略。它围绕秦国统一天下的目标，从多个角度论证，说明如果秦国驱逐了外来人才，则未必像后来那样强大。

李斯（？—公元前 208 年）

师从荀子，学成入秦，辅佐秦王统一六国。秦统一天下后，为秦始皇制定礼仪制度，被任为丞相。

打算把这些疑似间谍的外来人才通通驱逐出去，这样大家都省心。

在这些被驱逐的人中，有个叫李斯的，他本是楚国人，是大儒荀子的学生，学成后来秦国当了一名小官。对此次驱逐，他写了一道《谏逐客书》，详细阐述了任用外来人才的成效，并分析吸收和引进外来人才是秦国崛起的深层次原因。这篇文章打动了刚愎自用的秦王，他废掉了《逐客令》，并且把李斯的官职升至廷尉，掌管全国的司法活动。

现在想想，如果《逐客令》真的实施，势必会造成很多外来人才流失他国，这会为秦国的统一增加很多强力的对手。

远交近攻的战略谋划

公元前 270 年，秦昭王打算讨伐齐国，宰相范雎则提出了“远交近攻”的战略，劝说秦昭王先不要打齐国，因为齐国离得比较远，而且国力强大，是块硬骨头，而且路上还要经过韩、魏两国。如果三个国家联合起来，秦国必定腹背受敌，陷入被动，不如先攻下离得比较近的韩国和魏国，同时与齐国结交，稳住其国君，让他不要与秦国为敌。秦昭王准许了这个提议，派使者主动与齐国结盟，同时进攻较近的国家。

嬴政亲政之后，在李斯的协助下，确定了“灭诸侯，成帝业，为天下一统”的谋略，作战方针便是传承自前代的“远交近攻”，具体实施途径是笼络燕国、齐国，稳住魏国和楚国，消灭韩国和赵国。

焚书坑儒

选自《帝鉴图说》。秦始皇在公元前213年和公元前212年焚毁书籍、坑杀“犯禁者四百六十余人”。西汉刘向《〈战国策〉序》记载：“任刑罚以为治，信小术以为道。遂燔烧诗书，坑杀儒士。”

遣使求仙

选自《帝鉴图说》。秦始皇二十八年，齐人徐福等上书海上仙境之事，秦始皇听说海上蓬莱、方丈、瀛洲三岛是神仙居住的地方，有“不死之药”，服后便可“长生不老”，于是派其率童男童女数千人入海求仙人问药。

宋　赵伯驹　阿房宫图卷（局部）

阿房宫被誉为『天下第一宫』，与万里长城、秦始皇陵、秦直道并称为『秦始皇的四大工程』。该图为画家心中的阿宫图景，整幅作品布局宏大，细节丰富，色彩浓丽而不失清雅，刻画精细而不琐碎，颇有宋代画院气派。

离间计与反间计

“远交近攻”是秦国具体的战略方针，但在与各国争锋时，还要辅以一些别的手段，这里就要提到我们常常在书中看到的反间计和离间计。这两个计策听着是那样不光明正大，但在历史中使用起来却颇为频繁且有效。

两种计策极为相似，且常常同时使用，一般是先用反间计在敌国培养自己的间谍，然后利用这个间谍使用离间计，离间君王和某个重要军事将领的良好关系，从而达到引发矛盾、造成内讧、消耗对方领导层的目的。

秦国在征伐六国的过程中，发现赵国与较为弱小的韩国不同。赵武灵王即位后，在赵国进行了一系列军事改革，极大地增强了综合国力。在六国之中，赵国最先组建起了强大的骑兵部队，依靠这支部队，赵国北灭中山，西破楼烦，锐不可当。即使在战国末期，秦国在长平之战中重创赵国军队，在这之后也未能直接攻下赵国，由此也可以看出赵国的实力非同一般。

不过，事在人为，秦国的反间计与离间计一出，很快便取得了成效，倒在这计策面前的名将，就包括了赵国的廉颇和李牧。

廉颇的名气颇大，算是语文课本中的常客，这位老将曾与蔺相如一起成就了“完璧归赵”“渑池之会”的佳话，为赵国的外交事业做出了很大的贡献，是秦国颇为忌惮的人。只可惜一朝天子一朝臣，新即位的赵幽穆王并不太待见他，释夺了他的兵权，加上在本国又受到大将乐乘的排挤，这位老将不得已投奔了魏国，但毕竟是外来人，廉颇很难获得魏王的信任，这使得他在魏国的日子也不好过。

没过多久，赵王在国家遭遇了秦军多次围困之时，终于又想起了这位老将，想要再次任用，只是由于秦国反间计与离间计的实施，使得廉颇最终落了个未被再次任用、客死他乡的结局。

这里必须提到的一个人是郭开，这个郭开是赵国的国相，侍奉过赵悼襄王、赵幽穆王两代君主，属于元老级别的人物。此人并非善类，为人唯利是图，三心二意，绝对算不上是忠臣。秦国便以他为突破口，用金钱和官职贿赂他，把他培养成了秦国在赵国的眼线。

廉颇和郭开素有矛盾，这位刚正不阿的老将曾经怒斥过郭开贪得无厌、得寸进尺的行为，也因此引起了郭开的仇恨，这次刚好是个报复的机会。被派遣去慰问廉颇的使者叫唐玖，是个没骨气的家伙，郭开收买了他，让他对赵王隐瞒廉颇的实际情况。廉颇见赵国使者到来，非常欣喜，当着唐玖的面，吃了一斗米、十斤肉，之后又披甲上马，精神矍铄，表明自己身体强健，愿意继续为国效力，谁知唐玖回报给赵王的情况却是廉颇虽然饭量很好，却在席间去了几次厕所。得知此消息的赵王也只得摇头叹息，老将终究还是不中用了，于是启用廉颇的计划也随之作罢。可怜一代名将，遭小人算计，终是壮志难酬。

另一位名将李牧的命运则更为悲惨，他活跃在战场上时，正值赵国统治的末期，此时的赵国已经显出了疲态，各种矛盾加剧了其不稳定性。李牧就宛如定海神针一般，扶大厦之将倾。李牧常年驻守在北疆的代郡和雁门，抵御匈奴入侵，在他治理期间，匈奴丧胆，不敢犯境，保障了赵国边境的和平与稳定。有了他，秦军大将王翦也无计可施，秦赵对峙时间达一年之久。

对付李牧，秦国仍采用之前的方法，而实施的人选仍然是郭开，看来小人也算是稀缺资源，需要充分利用。这次郭开做得更露骨，他直接诬告李牧和司马尚谋反，挑唆赵王要李牧交出兵权。于是，赵工派了宗室赵葱去前线接替李牧的职位，李牧为了社稷考虑，未能从命。这更加证实了赵王的猜忌，于是派郭开暗中监视李牧，并找机会杀掉了他，之后又罢免了司马尚的职务。赵军少了两员大将，如断双臂，很快便被秦将王翦率军攻破，主将赵葱被杀，邯郸沦陷，赵王也成为俘虏，赵国就此灭国。

灭掉了赵国这个强力的对手后，秦国又相继灭掉了魏、楚、燕、齐，中原回归一统。“六王毕，四海一”，长达五百多年的诸侯割据战就此落下了帷幕。

楚汉争霸

“生当作人杰，死亦为鬼雄。至今思项羽，不肯过江东。”宋代女词人李清照在《夏日绝句》中这样写道。她这词里提到的就是楚汉争霸，项羽乌江自刎的那段历史。

楚汉争霸，从公元前206年至公元前202年，西楚霸王项羽、汉王刘邦两大集团为争夺政权而进行的一场战争。最终，楚汉之争以项羽的西楚败亡，刘邦建立汉朝而告终。

先入定关中者王之

秦末大乱，起义频发，陈胜、吴广打响了头炮，随后各地不满暴政的武装力量纷纷开始响应。其中，项氏家族算是比较强大的一支力量。项梁在秦将章邯消灭陈胜政权后，拥立楚君后裔芈心为楚怀王，算是有了个征讨秦军的名分，但后来由于他的轻敌，被章邯打败。士气旺盛的章邯又很快向赵地的义军发动进攻，义军遂向楚怀王求助，于是楚怀王就面临了救赵和伐秦两个难题。

在与诸将定下“先入定关中者王之”之约后，楚怀王分兵两路，一路以宋义为上将军、项羽为次将、范增为末将，前往巨鹿解救赵国之围；另一路则以刘邦为主帅，集结项梁与陈胜的散军，讨伐秦国。

巨鹿战后，约法三章

宋义率大军抵达安阳后，并不急着救援赵国，认为“若秦胜则兵疲，可趁机取胜”，意思就是说我也不着急，就看着你们两国打，等兵力都消耗得差不多了，我再收拾残局，这样忙也帮了，也节省了我的兵力，坐收渔翁之利，这一逗留就是46天。项羽是很看不惯这种懦弱的行为的，他血气方刚，渴望在战场上厮杀，于是他很果断地杀了宋义，夺了他的权，随后率兵渡河，帐篷也放火烧了，做饭的锅也给砸了，全军只携带了三天的军粮，直奔巨鹿，誓要与秦军决一死战。

有时候没有选择，就是最好的选择，失去退路的军队杀气腾腾，一心只想取胜，这支部队很快便攻破了章邯的军队。与此同时，刘邦的军队也打败了秦军，秦王子婴向刘邦投降，秦国自此灭亡。

听闻刘邦占领咸阳的消息，项羽十分愤怒，于是率兵去攻函谷关，却发现城门紧闭，早已插上了刘邦的旗帜。他后来一直攻到了新丰鸿门，得知了刘邦准备称关中王的消息，更是又急又气，准备立刻进攻刘邦的军队。

此时的刘邦，听取了谋士张良的建议，不与项羽正面冲突，同时封锁皇宫府库，只留下了少数士兵看护，随后便退出了咸阳，前往灞上。刘邦又发出了安民告示：杀人者死，伤人及盗者抵罪。内容虽然简单，但便于理解与执行，与项羽的烧杀抢掠形成了鲜明的对比，这为刘邦赢得了人心。

项羽（公元前232—公元前202年）

名籍，字羽，楚国下相（今江苏宿迁）人，西楚霸王，楚国名将项燕之孙，军事家，中国军事思想“兵形势”的代表人物。秦亡后称西楚霸王，定都彭城，实行分封制，封秦功臣及六国贵族为王。后与刘邦展开了数年的“楚汉之争”。公元前202年，项羽在垓下之战中为刘邦指挥的诸侯六十万联军所败，突围至乌江后，自刎而死。

鸿门宴后，分封不当

刘邦自知此时兵力不及项羽，于是把咸阳所得一切全部奉上，并称自己是为了防止盗贼侵入，才派兵把守函谷关，心里日夜盼望着项羽的到来，项羽才是关中王的最佳人选。

能屈能伸，这是刘邦身上的一大优点，也是他的可怕之处。项羽身边的谋士范增察觉到了这一点，认为此时不除刘邦，必有后患，于是建议项羽于鸿门设宴，准备在酒席间斩杀刘邦。但是，这事很快被张良的朋友项伯知晓，项伯之前杀人，因张良帮助，免除罪罚，这份恩情不能不报。于是，项伯把事情的真相和盘托出，并劝张良赶紧逃离，而张良很快便把这一消息告诉了刘邦，吃惊非小的刘邦虽然不得不前去，但总算有了些准备，最后靠项伯和樊哙解围，才得以逃脱。

项羽认为虽然先入关中的是刘邦，但自己才是消灭秦军主力的功臣，于是上书向楚怀王邀功。楚怀王的回复很简单，就两个字——“如约”。项羽怒不从命，自立为西楚霸王，并将彭城作为都城，将全国分为十八个方国，由不同的诸侯来治理。分封诸侯本是好事，不过这位霸王在分封时，却搞出了很大的问题。

第一是他把汉中分给了刘邦。项羽听取范增的意见，封刘邦为汉王，管辖巴蜀一带。巴蜀一带多是穷乡僻壤，以前主要用来安置罪犯和流浪者，现在把刘邦封在那里，主要是为了削弱他的势力。

刘邦自然心有不甘，但萧何向他分析了利弊，说至少巴蜀的地理位置还是不错的，可以先韬光养晦，之后再谋大业。刘邦觉得颇有道理，但他同时还想要汉中的土地，因为那里是关中入蜀的战略要地。张良建议还是从项伯入手，于是刘邦给了项伯很多钱，让其帮自己说话，最终如愿以偿，从项羽那里又得到了汉中的土地，有了汉中，他就有了更多的战略主动权。

第二就是对章邯、司马欣和董翳的册封。这三人得到的是关中的土地，

刘邦（公元前 256/247—公元前 195 年）

汉朝开国皇帝，汉民族和汉文化的开拓者之一。他初仕秦朝，授沛县泗水亭长，陈胜起义之后，率兵响应，攻占沛县，自称沛公。其接受秦王子婴投降，灭亡秦朝，后赢得楚汉之争，建立西汉。

被称为雍王、塞王、翟王，号称“三秦”。这么重要的土地被项羽分成三份，很明显是想让他们对刘邦进行牵制，将他永远困在偏远的巴蜀。想法是好的，但封的人明显存在问题。就说章邯吧，之前还作为秦将和各义军打得要死要活，转眼间就投降了，而且还轻而易举地得到了很多诸侯梦寐以求的东西，章邯军事实力不容忽视，但他的身份实在有些特殊，于是引发了各诸侯的不满。加上他之前带领的二十万秦军，除了少数将领，其余全部被坑杀，那是一条条鲜活的人命啊，他们的家人也早就把章邯恨到了骨子里。另外两名降将也面临同样的情况，他们背叛了自己的国家，辜负了百姓的信任，早已民心尽失，再也难以组织起抵御刘邦军队的有生力量。

第三则是册封不公，很多重要的将领被漏封，田荣便是其中之一。田荣本是秦末齐国复辟后的主要首领之一，但因为在章邯攻打项梁军队时，不肯出兵援救，导致项梁被杀，进而引发了章邯进军巨鹿，项羽不得不起兵救赵一系列麻烦，而被项羽怀恨在心，并未对其封赏。

张耳、陈馀与田荣一样，在反秦斗争中贡献颇多，但项羽却只册封了张耳为常山王，陈馀只得了个十万户侯。彭越作为游击武装的将领，善于使用游击战术，收获了累累战功，但因为他出身盗匪，便被贵族出身的项羽看不起，而没有得到册封。从这里可以看出，项羽在册封将领时，掺杂了太多个人喜好，这是作为军事统帅的大忌。

这次分封，项羽得罪了太多人。很快，在韩信的助力下，刘邦以暗度陈仓之策，率兵直抵关中。在这场战役中，他打败了势单力薄的章邯、司马欣、董翳，与项羽正式决裂。而此时，怀恨在心的田荣、陈馀也加入反楚阵营，项羽一时不能兼顾，只好先去对付这二人。这之后，彭越也加入了刘邦阵营，成为一员猛将。之前埋下的祸患在此时终于显露，刘邦抓紧时机扩大军队，实力得到了极大的加强，而项羽却一步错步步错，在多线作战中消耗着自己的兵力，再也无法对刘邦形成有效的打击。

背水一战，战略相持

楚汉争霸时，韩信奉命攻打赵国。他仅带了一万人马，命军队于江边驻守，背水列阵，另外埋伏了两千轻骑兵在敌军军营周围。此战略与项羽的破釜沉舟颇为类似，带着赌徒般的豪情，不成功，便成仁。战役开始后，没有后路的汉军只能向前，士气达到了顶峰，两千轻骑兵于双方正面打得胶着时，从赵军的背后发动进攻，前后夹击，最终击败了赵军，斩杀赵军主帅陈馀，赵王歇被生擒，赵国就此灭亡。

在项羽占领战略要地荥阳后，刘邦自知敌不过项

知识链接：背水一战

韩信率一万二千士兵前去赵国，讨伐赵王，他将一万人马驻扎在井陉口，背靠河水摆阵。韩信相信，兵法所言“置之死地而后生”是正确的。等到赵国二十万大军来时，汉军只得拼死战斗。另外，他的两千士兵发起袭击，一举击退赵军，汉军大获全胜。

羽，于是便不肯应战，项羽命人将刘邦的父亲押到城楼前，告诉刘邦：“今不急下，吾烹太公。”意思是你小子赶紧来应战，不然我就把你爹煮了。

这招玩儿得有点儿无赖，但流氓出身的刘邦哪在乎这个，他说：“吾与项羽俱北面受命怀王，曰‘约为兄弟’，吾翁即若翁，必欲烹而翁，而幸分一杯羹。”嗯，很无耻，只是不知道他父亲心里作何感想。贵族出身的项羽竟然一时有些发蒙，最后在项伯的劝说下，终究还是没能动手。这是年轻人与老江湖的对决，项羽的经验还是有所欠缺。

十面埋伏，四面楚歌

韩信灭掉赵国后，火速攻向燕国。很快，燕王也被迫加入了汉方攻打楚军，之后，韩信自立为齐王。而此时，楚国的兵力锐减，已经大不如前，而刘邦的汉军却越来越多。此时，项羽才意识到韩信的实力，如果让他和刘邦联手，对自己将极为不利，于是他劝说韩信，让他加入自己的阵营，韩信给出了刘邦“言听计用……深亲信我……倍之不祥”的理由，拒绝了项羽的请求。

此时的楚军阵营里无粮草，外无援兵，无奈只得与刘邦进行谈判，一番艰苦的交涉后，双方达成合约，以鸿沟为界，东面归楚，西面归汉，将天下一分为二。说是一分为二，但刘邦的汉国其实占据了将近七成的土地，此时项羽只能采取迂回战术了。其实，战场是瞬息万变的，如果能就此以退为进，厚积薄发，天下仍然可图。

只是，汉军似乎不打算给项羽休养生息的机会。和约订立以后，项羽撤军之时，刘邦在谋士张良和陈平的建议下，向疲惫的楚军发起进攻。无力招架的楚军被迫退至垓下，韩信使出了十面埋伏之计，将诸侯军队团团包围。刘邦又命汉军大唱楚地歌谣，激起楚军的思乡之情，以此来动摇项羽的军心。

夜里，项羽突然听到军营的楚歌声，喃喃道：“刘邦已经得到楚地了吗？为何军队中会有那么多的楚人？”之后，他唱起了那首著名的《垓下歌》：

汉高祖太牢祀圣

《汉高祀鲁》的绢本，展现的是刘邦以最隆重的方式祭奠孔子，献上太牢的厚礼。汉高祖祭祀孔子的供桌上摆放着全牛、全羊、全猪，即三牲齐全的“太牢”厚礼。刘邦祭孔具有里程碑式的意义，开了历代帝王祭祀孔子的先河。

“力拔山兮气盖世，时不利兮骓不逝，骓不逝兮可奈何，虞兮虞兮奈若何。”他最爱的侍妾虞姬应声道：“汉兵已略地，四方楚歌声。大王意气尽，贱妾何聊生。”唱毕自刎而死。

韩信（约公元前 231—公元前 196 年）

原归属项羽，但不得重用。他结识萧何后，十分受萧何赏识，并被刘邦拜为将军。作为统帅，他擒魏、取代、破赵、胁燕、东击齐、南灭楚；作为军事理论家，他联合张良整理兵书、序次兵法，并著有《韩信兵法》三篇。公元前 196 年，韩信被吕后诛杀。

项羽自刎，刘邦称帝

大势已去的项羽，带着八百骑兵连夜突围，准备向南奔逃，刘邦则派灌婴带领五千骑兵穷追不舍。在阴陵，项羽迷了路，见一农夫耕田，便询问路径，农夫骗他向左走，结果他陷入了泥沼之中，被汉军追上，他的不得民心，由此可见一斑。无奈的项羽只得领兵再次交战，节节败退，等退到乌江之时，身边只剩下二十八个人。

此时在乌江边上停着一艘小船，乌江亭长对项羽说：“是项霸王吗？老夫已经等候多时了，乌江上的其他船只已经全部被凿沉，只留下了这一艘，请上船吧，回到江东后，还有土地千里、民众百万，足够您东山再起了。”但此时的项羽早已心灰意冷，他说：“天要亡我，渡江又有何用？即使江东父老依然拥我为王，我也没脸面再面对他们。罢了，罢了，此地便是我的葬身之所，这是我的爱马乌骓，可日行千里，我不忍杀死它，你就把它带走吧！”

言毕，项羽命骑兵全部下马，持短小兵器与汉军近身交战。连杀百名汉军的项羽身负重伤，恍惚间，他回头看到汉军骑兵中有一个熟悉的身影，那是自己

明　仇英　汉宫春晓图

该作品以春日晨曦中的汉人宫廷为题，描绘后宫佳丽百态，其中包含画师毛延寿为王昭君写像的著名故事。

虞姬

名虞（一说姓虞），是楚汉之争时期西楚霸王项羽的美人，曾在四面楚歌的困境下一直陪伴在项羽身边，项羽为其作《垓下歌》。

曾经的部下马童，项羽望着他，说："你不是我的老朋友吗？听说汉王以黄金千两、户封一万来买我的头，那我就给你一点好处吧。"说罢，拔剑自刎。

历时四年多的楚汉争霸就此终结，刘邦建立起了大一统的汉朝。项羽失败的原因有很多：首先，秦朝统治被推翻后，他还想要恢复贵族政治，采用分封制，但在分封时又极度不公，寒了诸侯的心，引发了叛乱；其次，在鸿门宴上，他当断不断，错失了良机；再次，也是极为重要的一点，项羽生性残暴好杀，在战争期间多次屠城，对城里无辜的百姓烧杀抢掠，早已民心尽失；最后，便是他刚愎自用，同时带着贵族出身的高傲架子，看不起出身清贫的人，不能做到知人善任。

个人的成功与失败具有偶然性，历史的发展却存在着一些必然，这些偶然的因素促成了项羽的失败，但那些历史的必然，却成就了刘邦的成功。

安史之乱

唐朝，总让人联想到盛世。自唐太宗李世民“贞观之治”后，大唐国力便日渐强盛。到了开元年间，在唐玄宗一系列积极政策之下，社会更是空前繁荣，国家富裕，百姓安居乐业，唐朝进入了全盛时期。但是到了玄宗统治后期，安史之乱爆发，八年祸乱让唐王朝由盛转衰，一代盛世终于叛乱。那么，安史之乱究竟是怎么一回事？它又为什么成为唐朝由盛转衰的节点呢？

唐玄宗：放权不当，藩镇崛起

唐朝边境常年受外敌侵扰，吐蕃、突厥、契丹，这些势力行踪不定，打完就跑，搞得唐朝军队无所适从。为了扭转这种被动局面，朝廷在边境驻扎了常备军，由节度使担任长官，主要负责招募军队和领兵作战的工作。节度使对军队有着绝对权力，这使得军队几乎成了他们的私人武装。因为在封建时代，愿意当兵的多是些亡命之徒，他们没有固定职业，也没有安身的地方，只能终身生活在军队中，这使得他们对节度使有着很强的依附性。

在玄宗以前，节度使手中的权力一直被朝廷约束，但在玄宗即位后，财政权和行政权就被放归到了节度使的手中。财政权为军队后勤提供了保障，行政权则减少了行政官员对军事行动的干扰。拿安禄山来说，他在担任范阳节度使时，还兼任河北采访使、河北道采访处置使，在辖区之内，可谓大权

唐玄宗（李隆基，685—762年）

唐朝在位时间最长的皇帝，亦是唐朝极盛时期的皇帝。在位后期逐渐怠慢朝政，宠信奸臣李林甫、杨国忠等，宠爱杨贵妃，加上政策失误和试图以重用安禄山等塞外民族来稳定唐王朝的边疆，导致了长达八年的安史之乱，为唐朝由盛转衰埋下隐患。

独揽，甚至连皇帝也无法对其进行有效控制。

天宝年间，唐朝边境地区共有十个节度使、经略使区，仅安禄山一人就担任了三镇节度使，后来爆发的安史之乱，与节度使权力过大是有着一定关系的。

安禄山：范阳起兵，洛阳称帝

安禄山，出身营州，早年失去父亲的他，跟着母亲在突厥的部落生活。他满脸胡须，生得十分肥胖，而且生性阴狠狡诈，又油嘴滑舌。据传，由于长期生活在北方多民族杂居的地方，他能说多达九种民族语言。

732年，安禄山在幽州范阳偷羊，被节度使张守珪抓住。张守珪拷问他，准备乱棍打死。棍子快要砸到脑袋时，安禄山高声喊叫道："您难道不想消灭奚和契丹吗？为什么要打死我呢？"张守珪觉得他也许有用，便放了他，让他和史思明一起去抓俘虏。此后，只要这二人出动，则必有收获，安禄山因此被提拔为偏将。他骁勇善战，深谙兵法，常常以少胜多，不到四年时间，就成了平卢将军。再后来，他得到了杨贵妃的青睐，被收作养子，从此平步青云，于皇宫之中尽享荣华富贵。他每次与玄宗和杨贵妃见面，总是先拜杨贵妃，再拜唐玄宗，玄宗不解其中缘由，他便说："胡人先母后父。"这既

宠幸番将

唐玄宗宠幸安禄山，致安史之乱。

讨了杨贵妃的欢心，又由于胡人的身份不会被玄宗责怪。还有一次，皇帝问他肥胖的肚子里都有些什么，他扑通一声跪下，高喊：“这里面没有别的，只有一颗忠心啊！”玄宗听罢，哈哈大笑。

受到宠爱的安禄山很快露出了他的野心，他与杨国忠素来不合，便以讨伐杨国忠为名，起兵反叛。叛军一路势如破竹，仅一月便攻破了东都洛阳。756年，安禄山在洛阳称大燕皇帝，改元圣武。五个多月后，叛军顺利攻下潼关，这是长安的最后一道屏障，下一个被攻陷的地区就是长安了。

从大唐盛世到被安禄山区区十五万兵马击溃，唐朝国力的转变似乎有些突然，但其实在盛世的表象之下早已危机暗藏。此时的唐朝距离立国已经过去了一百多年，一百多年的和平，使得士兵们没有实战的机会，没法得到很好的锻炼，加之老将的相继去世，新一代将领难以独当一面，使得唐朝的军事实力一点点被消耗了。在这期间，唐朝边境的大小战争不断，而安禄山的军队刚好在北方边境驻守，在与突厥、契丹的交战中，积累了丰富的作战经验，再加上军纪严明，战力也就逐渐强大了起来。

有人会很好奇，此时唐朝其他的边防军队在做什么呢？当时的边防大军还有三十五万人马，他们为什么不回来助阵呢？主要原因有三点：首先是这些军队人数虽然不少，但是散落在漫长的边境线上，难以集中；其次就是如果回来支援，边境便无人可守，外敌会大举入侵，事实也的确如此，吐蕃部队就在唐朝抽调边防军队平叛时，入侵了边境，占领了陇右、河西等重要地区；最后因为距离实在太远，古代的交通和通信又不发达，等到边防部队收到命令回撤，再快马加鞭地赶来，要经过几千里的路程，可能没办法及时起到作用。

杨贵妃：马嵬之变，佛堂被缢

对于安禄山的一路猛进，唐玄宗大为惊慌，不知所措。在长安陷落前，

元　钱选　贵妃上马图

《贵妃上马图》绘的是唐玄宗与贵妃杨玉环上马的情形。玄宗骑照夜白，侧面望着贵妃，贵妃旁有两侍女协助。

他带着杨贵妃姐妹、皇妃、皇子、公主、皇孙、杨国忠、禁军龙武大将军陈玄礼等人仓皇逃离，用了三天时间，来到了马嵬坡。

当时，叛军攻打潼关，守将哥舒翰主张坚守，杨国忠却鼓动唐玄宗强逼哥舒翰带兵出关迎战，结果大败，潼关也随之失守。随同玄宗一同撤退的士兵们积累了满腔怒意与恨意，在杨国忠停马之时高喊："杨国忠要造反！"杨国忠还来不及反应，便被众士兵乱刀剁死。

得知此消息的玄宗大吃一惊，他走出驿馆，要求军队回营，但此时的局面已经难以控制，没人肯听他的话。他只得找来禁军龙武大将军陈玄礼，询问他士兵不肯回营的原因。

陈玄礼答道："杨国忠已经谋反，贵妃不宜供奉，希望陛下割恩正法。"唐玄宗很是犹豫，不愿意杀掉杨贵妃，认为杨贵妃身处深宫之中，是不知道谋反之事的。这种想法不无道理，把太多事情推到女人头上也确实不太客观，但为了平息将士的愤怒，玄宗最后也只得忍痛，派两个内侍勒死了杨贵妃。

大诗人白居易后来以此为诗："六军不发无奈何，宛转蛾眉马前死。花钿委地无人收，翠翘金雀玉搔头。君王掩面救不得，回看血泪相和流。"可

怜一代美人就此殒命，她的死平息了三军的怒火，众人终于撤回军营。

大结局：大唐盛世终于叛乱

身心俱疲的玄宗，想要将皇位禅让给太子李亨，但听闻李亨正是马嵬兵变的背后主使，又心生芥蒂。于是，父子二人在马嵬分道，唐玄宗南赴四川，李亨率兵向北行进，集结残兵，应对叛军。

不久，李亨在灵武自立为帝，遥尊玄宗为太上皇，之后他又从河西和安西征调士兵，从河北前线调回朔方节度使郭子仪和河北节度使李光弼的五万兵马，为对抗叛军做好了全面部署。

此时，叛军的内部却突然发生内讧，安禄山被儿子安庆绪所杀，军队也发生了动乱，如一锅糨糊的叛军，战斗力急转直下。

757 年，回到长安的玄宗不再过问政事，安心地做起了太上皇，时间和战乱磨平了他高傲的品性，他感到有些累了。五年后，玄宗病死，终年 78 岁。

长恨歌图（上卷）

《长恨歌图》是根据唐代诗人白居易的一首长篇叙事诗《长恨歌》绘制而成的，上卷从“汉皇重色思倾国”始，到“宛转蛾眉马前死”终，下卷从“君王掩面救不得”始，到“此恨绵绵无绝期”终。全画共20多米长，呈现了春寒赐浴、光彩门户、安史之乱、马嵬坡事变、明皇入蜀、道士寻觅芳魂等诸多细节，完整描绘了唐明皇与杨贵妃的凄美爱情故事。

长恨歌图（下卷）

明　仇英　仿明皇幸蜀图

756年六月，安禄山攻陷潼关，唐玄宗被迫西逃，避难入蜀。

13 天后，病魔缠身的李亨也追随其父而去，皇太子李豫即位，便是后来的唐代宗。

在玄宗去世不久前的 759 年，安禄山的部将史思明杀了安庆绪，攻下洛阳，自称大燕皇帝。761 年，史思明又被自己的儿子史朝义所杀。763 年，唐朝收回洛阳，史朝义自杀，持续了八年之久的安史之乱正式宣告结束。

安史之乱爆发的主要原因有以下几点：一是土地兼并过于严重，失去土地的农民居无定所，四处流亡，严重动摇了大唐统治的政治基础；二是由于放权不当，导致节度使权力过大，发展成了盘根错节的强大地方势力，连皇帝都无可奈何；三是统治集团的极度腐朽，阶级内部矛盾逐渐激化；四是中央和地方军阀之间冲突尖锐。

安史之乱使得中国社会遭受了一场空前浩劫，造成了难以估量的影响，其中包括了政治、经济、文化、对外关系等方方面面。为了早日结束战事，唐朝朝廷大肆分封节度使、观察使，并保留他们的权力和兵力，藩镇数量大幅增加，这相当于饮鸩止渴，治标不治本，直接后果就是安禄山叛军的固有力量得以维持，并割据一方，使得唐朝被迫陷入了动乱的分裂局面。

陈桥兵变

唐朝灭亡后，因为藩镇自立，在中原地区相继出现了后梁、后唐、后晋、后汉和后周五个朝代。这五个政权虽有强大军力，但都无力控制整个国家，所以只能以藩镇型的朝廷存在。除了这些割据政权，还有割据在西蜀、江南、岭南和河东的前蜀、后蜀、南吴、南唐、吴越、闽国、南楚、南汉、南平、北汉共十个政权，这十个割据政权与上面的五个藩镇朝廷被后世合称为“五代十国”。

五代十国的很多皇帝都是“被迫上位”的，例如926年后唐的李嗣源、934年后唐的李从珂、951年后周的郭威，就连宋朝开国皇帝赵匡胤也难逃“被拥戴”的命运，这究竟是怎么一回事呢?

周世宗率兵北伐

郭威是将门出身，武艺精湛，兵法娴熟，他平定河中，镇守邺城，立下了赫赫战功，是辅佐后汉高祖刘知远称帝的功臣。但后来，他却被后汉隐帝刘承祐猜忌，无奈只得发动兵变，攻破开封，推翻了后汉隐帝刘承祐的统治。郭威明白此时立足不稳，于是假意拥立刘氏宗室刘赟为帝，暂安局面。此时契丹大军突然南下，郭威奉命率军御敌。军队行至澶州时，士兵自知已经攻破都城，又立刘氏后裔为帝，早晚会发生危险，于是给犹豫不决的郭威添了

周世宗柴荣（921—959 年）

五代时期后周皇帝，周太祖郭威的养子，是中国少数由外戚继承宗室的皇帝。在位时期在政治、军事、经济上都有建树，号称英主，初步奠定了后来北宋的势力。

一把火，发动兵变，郭威“被拥戴”为帝，黄袍加身。951 年正月，郭威即帝位，建立周朝，史称后周。在位期间，郭威改革弊政，倡导民风节俭，北方的经济形势逐渐得到好转，整个国家的局面焕然一新。

刘崇是刘知远的弟弟，时任河东节度使，当他得知郭威称帝后，也自立为帝，建立北汉，沿用了后汉乾祐的年号。同时，他借助辽人的兵力，准备随时讨伐周国，恢复刘氏政权。他与辽国约为父子之国，自称侄皇帝，称辽帝为叔叔，与后来石敬瑭当“儿皇帝”类似，古人似乎觉得与人建立亲属关系，就能得到更多的帮助。辽国这个叔叔也很够意思，册封刘崇为大汉神武皇帝，还援助后汉和后周打了不少仗，但是输多赢少，看来打铁还靠自身硬，自己实力不济，叔叔、大爷都帮不了你。

954 年，郭威去世。柴荣即位，即周世宗。周世宗是郭威的外甥兼养子，他以“用十年时间攻打天下，用十年时间让百姓安生，再用十年时间铸就太平盛世”为目标，955 年，率军击溃后蜀，占领秦州汉中；956 年，又击败南唐，吞并江北的土地；959 年，则率军北伐辽国，继续攻陷瀛洲、莫州等地。在最后一次出征中，后周世宗柴荣突然患病。

在北征幽燕回军的途中，柴荣批改奏折时发现一个皮囊，里面装着一个三尺多长的木牌，写着“点检为天子”。当时殿前司的都点检为张永德，是后周太祖郭威的女婿，与柴荣关系很近。周世宗思考了一番，认为鬼神之事不值得相信，又想到郭威的另一个外甥李重进素来与张永德有矛盾，因为张永德多次公开讲李重进的坏话，还曾派亲信跑到周世宗那里，说李重进想要谋反，周世宗认为这次应该也是某些人在故意搬弄是非、挑拨离间。他表面不动声色，却派人暗中追查此事的幕后主使。

回到京城后的柴荣，病情越来越重，于是他抓紧时间进行了军队的改革，因为想起北伐时“点检为天子”这件事，他撤掉了张永德的职位。精明强干的周世宗事事必亲力亲为，此时他已经时日无多，想到自己这么快就要不行了，而自己的儿子年龄还小，柴荣就觉得如此重要的位置必须由一个自己绝对信任的人担任。经过一番思考，柴荣将这个职位托付给了对自己忠心耿耿的心腹，他的名字叫赵匡胤。

赵匡胤取代了张永德，成了掌握殿前京城禁军的一把手，掌握了最为重要的军队，是此次事件最大的受益者。不久，周世宗去世，其幼子柴宗训即位，成为周恭帝。

960 年 2 月 1 日农历正月初一，有传言说契丹准备再次联合北汉南下进攻后周。为了对抗契丹进攻，经过朝臣们的商议，由范质、王溥、魏仁浦三位当朝宰相决定，派点检赵匡胤率军迎战。

当立点检为天子

契丹和北汉南下进攻后周这件事，其实是赵匡胤散播出来的，他自导自演了这出好戏。在当时的朝廷里，只有两人有能力统率大军出征，一个是赵匡胤，另一个就是侍卫亲军马步军副都指挥使韩通。韩通是一员历仕后晋、后汉、后周三朝的老将，指挥作战经验丰富，深得先帝信任，在周世宗在位时期更是屡建奇功，官至检校太尉、同平章事。

有人可能会有疑问：为什么不派这位老将出征？除了其年事已高，也有着其他考虑。因为在以前，周世宗御驾亲征时，一般会留下韩通镇守京师，在百姓心中，有了韩通在，大家就无须担心了，所以出于稳定民心的考虑，柴荣一定会让韩通留守开封。赵匡胤就是赌定了这一点，明白能带兵抵御契丹的人也只能是他了。

只是在出征之时，城中还是出现了恐慌，“点检为天子”的传言又不知从谁那里流传了出来，而且还加了具体时间——就在出兵之日。百姓被传闻吓得乱成一团，有钱的或逃走或藏匿，没钱的就只能惶惶不可终日。但是不知为何，后周朝廷对此却毫无反应，似乎被封锁了消息一般。不过，这可把赵匡胤吓得不轻，眼下正值千钧一发的当口，大事未成，自己这帮手下却总是出差错，真要出点什么闪失，可是掉脑袋的罪过，他绝不能就这样轻易地失败！

赵匡胤偷偷把家人叫到身边，说道：“这消息流传得如此厉害，我可该怎么办呢？”赵匡胤的姐姐是个女中豪杰，听完后铁青着脸，从厨房拿出一个擀面杖就打他，一边打一边还说：“遇到大事，大丈夫不自己决断，还让家里的女人担惊受怕，你可真是该打！”赵匡胤被打后，低头沉思着，默默走了出去。出发之前，赵匡胤把家里人安置在了开封城中的封禅寺，以防止自己失败，家人受到牵连。

日上复有一日

第二天，赵匡胤率兵北上“讨伐契丹”，假模假式地去迎战所谓的“辽朝军队”。在陪他演戏的过程中，军队里一个叫苗训的人无聊地看着天空，看着看着，他突然愣住了。这位精通天文占卜的军校发觉了太阳的异样，众人随着他的目光去瞧，也很快发现了不对劲儿。赵匡胤的资深幕僚楚昭辅大喝一声：“看！天上有两个太阳，下面的太阳正在驱逐上面的太阳，这是‘一

解裘赐将　宋太祖与王全斌部署伐蜀方略

宋史记，太祖遣大将王全斌率师征蜀。时冬月天寒，京城大雪。太祖设毡帏于讲武殿中，身穿着紫貂裘，头戴着紫貂帽，临朝视事。后将所服裘帽解下，遣中使马上赍去，赐予全斌。全斌拜受赐物，感极泪下。诸将皆感激，相与勠力图报，故所向皆捷，卒能平定蜀。

受言书屏　宋太祖征处士王昭素

宋史记，太祖时，有个处士姓王名昭素。太祖素知他有学行，征聘他来做国子监博士。昭素讲论君道，援引古时帝王以为证据，遂阴寓讽动劝谏之意。太祖见他忠直，大喜，就问他治天下与养生的道理。

碎七宝器　宋太祖命人碎蜀主孟昶宝装溺器

宋史记，太祖平蜀之后，曾见蜀主孟昶有一个溺器，是七样宝贝装成的。太祖见了大怒，命左右打碎之。宋太祖崇尚朴素，乃爱惜福禄、保守国家之道也。

引衣容直　寇准与宋太宗

宋史记，宋太宗以寇准为枢密院直学士。寇准为人忠直敢言，一日殿上奏事不合太宗的意思，太宗发怒起去，欲罢朝回宫。寇准即上去扯住太宗的袍服，请太宗复还御座，决断其事，务要听其言才罢。太宗见他这般耿直，反嘉美他道：朕得寇准，如唐太宗之得魏徵也。

日克一日’啊！”

军队当时就沸腾了，“一日克一日”这听上去就让人心潮澎湃，即使没有看到的士兵，也都坚信自己就是看到了两个太阳，还搜肠刮肚，结合着自己全部的学识，添油加醋，越传越真。赵匡胤编造的双日临空的假象已经达到了他想要的效果，真相是什么已经不重要了。天无二日，国无二主，他就要进行后面的计划了。

愿策太尉为天子

当多年后赵匡胤君临天下之时，一定会忘记在陈桥驿那晚发生的事情，或者说，他坚信自己忘记了。陈桥驿距离开封约四十里，行至那里时刚好是晚上，赵匡胤下令全军扎营休息，然后他佯装“喝醉”退至幕后，夜色正好，可以发生和掩盖很多事情。

现在是演员出场的时候了，他们是专业的，训练有素。赵匡胤的亲信们先散布议论，称皇帝年幼，无法亲政，不懂得战士杀敌之苦，倒不如先拥立赵匡胤为王，再发兵北征。

不久，赵普的军帐便闯入了一群高级将领，他们一进来，就立刻齐声喊道：“现在军队没有主人，我们愿拥立太尉当皇帝！”太尉，指的就是赵匡胤。作为赵匡胤身边的第一谋士，赵普对于此事自然是心知肚明，但表面上还是要装装样子的，这也是为了给某些不明真相的“观众”一个交代。赵普严厉地斥责了这帮将士，坚决反对此事。当然反对也是没用的，开弓没有回头箭，要么生，要么死，将领们别无退路。众将皆手持兵器回到营中，各个板着面孔，看这架势，赵普再敢反对，怕是会被第一个杀了祭旗。怕并快乐着的赵普见时机已成，便顺水推舟，“勉为其难”地答应了众人的请求。

此时留在开封城内的还有一些没有出征的高级将领，他们是被安排在此作为内应的。赵普派人连夜赶回开封，告诉“协助”韩通守城的赵匡胤亲信石守信、王审琦二人，让他们提前做好准备。而这边，心满意足的众将也各自回营，给那些还不明真相的士兵解释“一日克一日”是怎么一回事。这些士兵中迷信的人很多，一听到这些，马上深信不疑，并且感慨自己跟了一个可以改天换地的明主。于是，大家的意见很快达成了统一，这出好戏马上就要迎来它的高潮。

以黄衣加太祖身

960年正月初四的清晨，“睡”了一夜的赵匡胤悠悠醒来，走出营帐的他被眼前的景象“震惊”了。他看到将士们都举着兵器，站在两侧，见他出来，

赵匡胤（927—976年）

字元朗，宋初年军事家、政治家，北宋开国皇帝。趁周恭帝即位时年幼，尚根基不稳，在『陈桥兵变』中被拥立为帝，建立宋朝，史称『北宋』，后完成了全国大部的统一。

便高声喊道:“军队已无主人，我们愿立您为天子！”赵匡胤还没来得及答话，赵普和赵匡胤的弟弟赵匡义（后改为赵光义），就命人拿着一件黄袍来到了赵匡胤跟前，二话不说，直接就把黄袍披在了赵匡胤身上。赵匡胤看似“莫名其妙”地当上了皇帝，其实是在时机成熟时很自然的过渡。对于这种过渡，他还有些勉为其难地说道：“你们自贪富贵，立我为天子，能从我命则可，不然，我不能为若主矣。”

当然，百密总有一疏，这出戏有一点不大合理，那就是这黄袍究竟是从哪儿来的。要知道这黄色可是古代帝王的专用色，其他任何人都不可以私自使用。如果赵匡胤是被人逼着当上皇帝的，那这黄袍是从哪儿来的，总不会是赵普出于个人爱好的收藏吧。当然，当时不会有人太在意这些细节问题。

慎勿负先帝旧恩

在外面溜达了一圈，还顺便当上了皇帝的赵匡胤，离开京师一天后，又带原班人马回来了。此时的开封城已经完全被赵匡胤的亲信控制，因此赵匡胤的大军没有遇到任何抵抗，就占领了开封。

很快，赵匡胤派手下将范质、王溥、魏仁浦这几位宰相请了过来。这里，赵匡胤又表演了一段哭戏。他一边哭，一边对众人说：“先帝那么信任我，把军权交给我，现在军队兵变，非要让我当皇帝，我到底该怎么办呢？”言辞恳切，情真意切，显得特别无辜。宰相们知道眼下也不能拿他怎么样了，只得率领百官乖乖听命。

还是在这一天中，柴荣的遗孀符太后带着 7 岁的小皇帝柴宗训躲进了天清寺，并给赵匡胤留下了一份重要文件，那就是盖着后周皇帝宝玺的禅位诏书。自此，后周退出了历史舞台，大宋王朝的统治时代正式开启了。

陈桥兵变可以说是中国历史上最成功的一次兵变，几乎兵不血刃，市不易肆，便达到了取代后周、建立宋朝的目的，这体现出了赵匡胤出色的政治才能，而且他带领的军队纪律严明，兵变参与者严格遵守秩序。赵匡胤曾数次“严敕军士，勿令剽劫”，这使得军队对百姓秋毫无犯，没有发生以往改朝换代时那种尸横遍野、烧杀抢掠的现象。兵变的胜利，除雄厚的实力基础外，还包括了赵匡胤的智谋，这给他赢得了民心，得到了原后周官吏的支持，使他真正受到了拥戴。

蒙古崛起，元朝建立

1221 年，即宋宁宗嘉定十四年，南宋使臣赵珙奉命前往河北蒙古军前议事，于燕京见过了铁木真手下四杰之首的木华黎。他将自己出使的见闻著录成书，名为《蒙鞑备录》。这是研究当时蒙古历史十分重要的资料。书中记述：蒙古大汗铁木真，身材魁梧，广面多须。波斯人也记载蒙古大汗铁木真“身材高大，皮肤白皙，长相非常英俊”。

铁木真统一了蒙古草原，建立了蒙古政权。那么，蒙古政权是如何发展成为元朝，进而灭亡南宋政权、统一中国的呢？

铁木真：创立新的统治策略

1162 年，铁木真诞生于蒙古乞颜部，父亲也速该被毒害后，铁木真投奔了克烈部的首领脱里。1189 年，铁木真被推举成了蒙古乞颜部可汗，此后经过一系列的战争，他逐渐统一了蒙古草原诸部，于 1206 年建立了蒙古汗国，被尊为“成吉思汗”。据《蒙鞑备录》的记载：“成吉思，乃汉语天赐二字也。”

在军队管理方面，早在建国前，成吉思汗便亲自组建了护卫亲军，称为怯薛军。怯薛军的存在维护了成吉思汗的统治，构建了蒙古帝国的统治基础。

怯薛在蒙古语中就是轮值的意思。建国后，怯薛军又得到了进一步扩充，

成吉思汗（孛儿只斤·铁木真，1162—1227年）

蒙古帝国可汗，世界史上杰出的军事家、政治家。多次发动对外战争，征服西达中亚、东欧的黑海海滨地区。1227年，兴兵征伐西夏，于途中去世，秘密安葬。

被分为了四班，主要由功勋子弟组成。每名怯薛军士兵享有薪俸和军衔，统帅是被称作“元初四杰”的木华黎、赤老温、博尔忽、博尔术，他们又被封为“四怯薛”。四怯薛除负责对大汗的保卫工作外，还负责大汗宫帐内的各种服役。怯薛是大汗的近臣，有机会参与军政事务，所以也是蒙古帝国最初的中央行政机构。怯薛军享有非同一般的特权，普通的怯薛军人的地位比千户官还要高。

成吉思汗在建立蒙古汗国后，打破了之前部落、氏族的组织形式，草原上的牧民被按千、百、十户的方式重新编制，由贵族世袭统领。他们既是军事组织，也是基本行政单位。这之后，漠北统治民族更迭兴衰的混乱局面结束，被征服民族和蒙古民族逐渐趋于合一，新的蒙古民族也由此形成。

蒙古部落最初是没有文字的，创造文字也不是成吉思汗的强项，于是他发扬了草原民族的粗犷作风，直接在征讨途中抢了个叫塔塔统阿的畏兀儿人，命他掌管蒙古国的文书印信，并教授太子、诸王畏兀儿字以用于蒙古语的书写。善于研究的塔塔统阿就以回鹘字母为基础创制了蒙古文字，从此蒙古部落在书写时也有了自己的文字，学界称之为回鹘式蒙古文。到今天，回鹘式蒙古文已经被沿用了八百多年，对中国和世界产生了十分深远的影响。统一的文字造就了统一的民族，蒙古部落在蒙古文的影响下，团结在一起，发展出了蓬勃的蒙古文化。

在法律上，之前的蒙古多沿用习惯法，成吉思汗以此为基础，颁布了一系列新的法律条文，对整体的法律进行了扩充。这些法律条文皆以蒙古文书写，称作大扎撒，即蒙古语“法令”的意思。他又设置了掌管司法的官员，蒙古语称为札鲁忽赤。他还按照牧民分割家产的习俗，分配给民户土地，但大部分土地还是由成吉思汗自己统领。依照蒙古人“幼子守产”的习俗，他准备由小儿子拖雷来掌管大部分的人口和土地。

蒙古汗国建立后，成吉思汗多次发动对外扩张战争。他在位时，曾征伐过西夏、西辽、金国、花剌子模等国。自他于1227年去世后，其继承人又进行过两次大规模的西征。等到1259年，蒙哥汗去世时，大蒙古国已占据了包括漠北、东北、华北、西藏、西域、中亚、西亚、东欧等在内的辽阔地域。蒙古汗国的这些扩张战争促进了欧亚大陆间的相互交流，至今仍影响着世界历史的进程。

然而蒙古人只是征服者，却不是合格的统治者，疯狂扩张在带来辽阔疆域的同时，也使蒙古人的统治变得更加复杂，不同民族的语言、宗教、生活方式、风俗习惯等，都存在着巨大差异，有些甚至难以调和。在1260年，忽必烈登上汗位后，分裂终于成为现实，汗廷以外还产生了钦察汗国、察合台汗国、窝阔台汗国、伊利汗国，成吉思汗建立的大蒙古国已经分崩离析。

张德辉：国之存亡，自有任其责者，儒何咎焉

1247年，距金国灭亡已过去十三年时间，藩王忽必烈突然召见金朝遗老张德辉，问道：“有人说，辽国因信佛而灭亡，金国因好儒学而灭亡，真

的是这样吗？”张德辉回答说：“我不清楚辽朝的事，但金朝显然不是，当时的宰臣中虽有一两个儒臣，但其余的都是世袭的武将。平日里，这些儒臣无权参与军国大事，很难起到决定性作用，而且能够凭借儒臣身份晋升为宰臣的人，大略只占了三十分之一。金国灭亡，有很多人可以怪罪，但是全怪在儒臣身上实在就有些过分了。”

可以说，张德辉说得很客观，这也打消了忽必烈的顾虑。其实忽必烈对儒臣是很有好感的，他在年轻时，就和汉族士大夫有着很多的接触。在哥哥蒙哥即位后，忽必烈受命统领漠南汉地军务，身边更是聚集起很多汉人幕僚。蒙哥死后，忽必烈依靠汉地的人力、物力，登上了汗位，正式结束了蒙古汗国的草原本位政策，形成了蒙古汗室内部的汉化倾向。

刘秉忠：所至全活不可胜计

兴起于北方大漠的蒙古政权，在忽必烈的领导下，吞西域，灭女真，使天下归于一统。在建立这场帝国大业的过程中，有一人起到了至关重要的作用，他就是刘秉忠。他为帝国取国号为“大元”，并设计了一整套的法制、典章和礼仪制度，还为元帝国规划建立了京城大都。

刘秉忠，邢州（今河北省邢台市）人，曾祖父曾任金朝邢州节度使。他自幼聪慧，8 岁入学，可日诵文数百言。在元世祖即位前，刘秉忠曾以僧人身份与其相见。当时的儒学在蒙古族中并不流行，他们对佛家的因果轮回之说更感兴趣，因此，蒙古人对宗教采取了宽容态度，忽必烈更是早已皈依佛门。因此，僧人身份使得刘秉忠更能亲近蒙古贵族，为其提供了一层保障，加之其知识渊博，上知天文下知地理，中晓天下大事，元世祖很赏识他，便将他留在身边，并多次垂询。

元朝初创时，元世祖能“开文明之治，立太平之基”，使元朝迅速从奴隶制蜕变为封建制，迅速发展成为当时世界上疆域最为辽阔、实力最为强大的国家，很大程度上得益于刘秉忠的辅佐。在大理之役中，刘秉忠以古代圣贤为例，劝告忽必烈“以马上取天下，不可以马上治”，意思便是停止杀戮，你所攻打下的都是你日后所统治的疆土，没有了人民就无法进行生产活动和繁衍生息，这势必会使城池凋零。刘秉忠的这一建议安稳了人心，也改变了蒙古军烧杀抢掠的风气，所到之处，百姓的生计得以保全，蒙古军对于汉地的统治方式也发生了转变。

1271年冬，在刘秉忠的建议下，忽必烈正式确立国号为“大元”。“大元”这一国号，取《易经》的“大哉乾元，万物资始，乃统天”之意，同时还顺应了忽必烈“应天者惟以至诚，拯民者莫如实惠”的思想，与蒙古人“长生天”的理念相契合，既符合民族文化，又得到了蒙古民族的认同。

刘秉忠

一位很具特色的人物，在元初政坛，他对元代政治体制、典章制度的制定发挥了重大作用。同时，他又是一位诗文、词、曲兼擅的文学家。

国号是一个新朝代最关键的政治文化象征，在我国封建王朝的历史中，元朝的国号是一个分水岭。元以前的朝代都以地域或封号作为国号——夏、商、周、秦都以兴起地命名；汉、魏、吴、隋、唐则都以建国者原有封号或爵位名称命名；辽、金使用的则是发源地河流的名称。元朝一改这一传统，采用依照字义命名的方式，以“大元”为国号，这一做法被后世沿用了下来。

除了提出治国方略，刘秉忠对建筑设计也颇为精通，元朝的国都便是由他设计规划而成的，现代的北京城市雏形，也能从他的规划中一窥端倪。在忽必烈还是藩王时，为了进军中原方便，他要求刘秉忠在桓州东、滦水北设计修建一座城。刘秉忠仅用三年时间，就完成了这一工作。城修好以后，取名开平，后来，开平升为上都，忽必烈在这里登上了皇帝宝座，它的遗址在今天的内蒙古正蓝旗东 20 千米处。1266 年，忽必烈又命令刘秉忠建造了新的都城，地处原燕京城东北，取名元大都，这就是今天北京城的前身。

元大都的建造耗时很长，自 1267 年开始，直到 1285 年，用了 18 年时间才宣告完工。新城规模宏伟，工程浩大，其平面设计参照了《周礼·考工纪》关于都城建设的理念，以“南朝北市，左祖右社”的原则，设置的宫殿、街巷十分恰当。

元大都宫殿巍峨，街道宽敞，规划得十分整齐。街巷设计得也极有规律：大街宽 24 步，小街宽 12 步。除了大小街，还有 384 火巷、29 弄通，蔚为壮观。新城还带着不少神秘主义的色彩，比如，开十一座城门，象征三头六臂的哪吒：南面三门象征三头，北面两门象征两足，东、西各三门象征六臂。作为统一的多民族国家的政治、经济和文化中心，元大都成功奠定了明、清乃至今天北京城的基础，是当时世界上最大的都市之一。

忽必烈：保守与创新的对立统一

忽必烈是一个很矛盾的人，这源于他的出身和所从事的事业。他是蒙古贵族，是蒙汉各族上层分子的代表，在元朝建立后，必须维护蒙古人的特权，所以他不能像北魏孝文帝那样，将蒙古旧制尽数汉化。但他仍然是一个愿意包容不同事物的人，于是元朝便出现了一种奇怪的现象：在金朝故地上，实行的是金朝的制度；在南宋故地上，实行的是南宋制度；在漠北和漠南一带地区，沿袭的则是蒙古帝国的制度。

虽然刘秉忠曾多次劝说，但蒙古部落的民族思想已经融入了忽必烈的血液之中，他将汉人当作异族，将数量最多的南宋遗民列为最下等的人，在政

元　传朱玉绘　太平风会图

《太平风会图》是一幅长达 7 米多的中国画卷。这幅画以十分罕见的全景视角描绘了 14 世纪元朝的公众生活场景。它在一个连续空白的背景下包含了四百多个不同职业与阶层的人物。

忽必烈（1215—1294年）

以孝闻名，他熟悉汉文化，并任用汉人儒士整顿吏治和军政。其兄蒙哥即位为元宪宗，忽必烈受京兆封地，同年率军灭大理国，后随蒙哥伐宋。蒙哥逝后，忽必烈即汗位于开平，并出兵击败阿里不哥。1273年，建国号为大元，定都大都（今北京）。六年后消灭南宋残余势力，完成了统一。

治和法律上对其进行双重压迫。而在被征服的土地上，忽必烈将那里的人看作异族，将那里的土地看作瓜分利益的宝地。这就是忽必烈，在汉人眼中，他绝不是一个圣贤的君王；而在蒙古人的眼中，他为本部族谋求的利益也不是最大的。他具备了优秀君王的一些特质，但受困于时代和自身，未能比较好地将想法贯彻执行下去。他的保守和创新始终对立，同时相互统一。

▶元　刘贯道　元世祖驭马图

此图绘的是元世祖出猎时的情景。画面上，一片黄沙坡地，远处荒漠广袤无垠，景色单调，马骑无论衣着、装备皆刻画精细，表情神态自然生动。图中骑白马、穿裘衣的人就是元世祖忽必烈，对世祖面容的刻画惟妙惟肖，十分传神。

明朝建立

“王侯将相，宁有种乎！”陈胜于漫天大雨之下，高喊出这样的口号，回荡千年，仍是振聋发聩。他虽然失败了，但那股英雄气却启迪了后人，白手起家，就不能成就一番伟业了吗？当然不是，这份情怀在明朝找到了很好的继承者，他的名字叫朱元璋。

作为明朝的开国皇帝，朱元璋有着极高的知名度，他有着极为悲惨的命运，在25岁之前，他一直都生活在社会底层，饱受人情冷暖、世事沧桑。但他是朱元璋，他心有不甘，发誓要奋进，这一搏，就为他博得了一个天下君王之名。我们不禁要问：他凭什么？仅凭着一腔孤勇吗？一意孤行的莽夫是做不得皇帝的，如果一定要简单地概述一下他的成功轨迹的话，可以这样说：任用四个高参，消灭四个对手。

李善长：力赞渡江，奠定基业

1352年，定远的郭子兴率众揭竿而起，攻占濠州。他的部下汤和是朱元璋的幼时玩伴，他给当时25岁的朱元璋写了一封信，大致意思就是“兄弟跟我一起干吧，成就一番大业”。当时的朱元璋过得可以说是相当不如意，放牛、乞讨、撞钟，哪样也不像是有前途的工作，造反虽然高风险，但回报也是很大的。经过了一番犹豫后，朱元璋决定干一票大的，投身义军后的他，

朱元璋（1328—1398 年）

出身贫农家庭，后因灾变入皇觉寺为僧，25 岁时，参加红巾军反抗蒙元政权。他先后击败了众多割据势力，统一南方，后北伐灭元，建立了明朝，年号洪武。朱元璋在位期间，社会生产逐渐恢复和发展，史称“洪武之治”。

迎娶了郭子兴养女马氏，聚集了一批精兵，逐渐开启了自己的新事业。

当然了，精兵倒是精兵，但这些家伙文化水平实在堪忧。朱元璋明白，欲成大业，必须要吸收接纳知识分子，“方今群雄并争，非有智者不可与谋议”。想要在群雄争霸中活到最后，必须找些有谋略的人入伙才行。

1354 年春，朱元璋带兵攻打滁州，定远人李善长前来拜见。李善长是个文化人，平时喜欢读一些法家书籍，粗通文墨，在乡里担任过祭酒（指在节日祭典上代表乡亲以酒祭天的人）。当时，淮西来的文化人大都在郭子兴帐下谋职位，因为他的势力更大一些，背靠大树更好乘凉。不过，李善长似乎不是一个普通的文化人，他没有去找郭子兴，而是看上了郭子兴的手下朱元璋。这其实是个不错的决定，因为郭子兴手下人才济济，去了也未必会获得重用，倒是朱元璋，缺文化人缺得厉害。于是，李善长一到朱元璋帐下，朱元璋就很兴奋地和他聊了起来。

李善长

虽读书不多，但善于调护诸将，因才施用。明朝开国功臣，被朱元璋称为“再世萧何”。

朱元璋先是问道：“这天下的乱局到底什么时候能平息呢？”李善长回答说：“秦末战乱之时，汉高祖刘邦只是个普通百姓，但他知人善任，仅用五年就成就了帝王的基业。现在元朝纲常已经混乱，国家四分五裂，倘若有谁能效法汉高祖，那天下便可轻易平定！”这一番话明显说到了朱元璋的心坎儿里，听得朱元璋心潮澎湃。这之后，朱元璋便将李善长视为心腹，专门负责笼络人才。

1355 年，朱元璋攻下和县后，被郭子兴任命为总兵官，负责镇守和州。在驻守了几个月后，粮食不足成了最为紧迫的问题。当时与和州相对，紧靠长江南岸的太平、芜湖等地，是盛产稻米的地方，但苦于没有船只运输，朱元璋只能眼睁睁地看着。

要说朱元璋也是幸运，这边正愁没船渡河，那边就来了两支红巾军的巢湖水军归附。获得巢湖水师后，李善长极力主张渡江，建立新的根据地。这想法或许可行，但朱元璋在淮西经营了两三年才达到了现在的规模，要在此时放弃到手的一切，去面对一个全新的领域，任谁都会难以割舍，当然有得必有失，这也是朱元璋参加义军后明白的道理。一番犹豫后，朱元璋决定挥兵渡江，去开辟新的战场。后来的事实证明，李善长这一决策是无比正确的。

此时的天下已经乱得不成样子了，红巾军占领了河南及淮北一带，正在和元军进行激烈交战，短时间内双方谁也打不过谁，只能继续在中原地区对峙。这种对峙局面就导致了在盛产粮食的江南，元军却没留多少兵力驻守。于是，朱元璋借助巢湖水军的船只，从和州东渡长江，一举攻克了对岸的采石，获得大量粮食，而后又一鼓作气攻克了太平。进入太平后，李善长将事先写好的不得违反军纪的榜文贴遍全城，因此军中秩序井然，秋毫无犯，百姓甚至不知道有军队到来。朱元璋的军队也因此受到了当地百姓的拥护，就这样，朱元璋得以安心开展根据地的建设工作。

渡江之后，朱元璋坚持“闷声发大财”的原则，偷偷积蓄实力。在夺取集庆后，恰逢刘福通率军北伐，元军被打得难以支撑，朱元璋也趁机迅速攻占了集庆周边的长兴、常州、宁国、江阴等地，进一步扩充了自己的根据地。

朱升：高筑墙，广积粮，缓称王

朱元璋手下的第二个高参，就是朱升。朱元璋有一则御联“国朝谋略无双士，翰苑文章第一家”，便是专门褒扬朱升的。

朱升，安徽休宁人，生在一户半教半农的人家。因在晨曦之初、太阳东升之际出生，其父便取昌盛、吉祥之意，为他取名朱升。19 岁时，朱升考上了秀才，之后在家乡开馆讲学，同时做一些农活儿。1341 年，43 岁的朱升通过了会试的考核，成为“贡生”，但因当时政局动荡，朱升只得被迫到歙县石门开馆讲学。

1358年冬，朱元璋攻婺源，但“久拒不下”。三军总管邓愈说，这里有个隐士叫朱升，有学问，有影响，您可以去拜会一下。这很有《三国演义》中刘备三顾茅庐去请诸葛亮的意思，只是不知朱元璋是不是也去拜访了三次才得相见。二人见面后，也进行了一番类似“隆中对”的谈话，最后，朱升向朱元璋提出“高筑墙，广积粮，缓称王”的发展战略。

此时朱元璋所控制的地区地理位置十分取巧，张士诚、徐寿辉、陈友谅、小明王的部队恰好在东、西、北三面构成屏障，把元军的主力全都挡在了外面，只有东南浙江方面能与元军接触，而元军力量又很弱，只有一些孤立、分散的据点，与本部相隔很远。东面是张士诚部，占领着江苏大部，直到沿海地区；西面有徐寿辉、陈友谅，占有江西、安徽、两湖；北面有小明王政权。根据这一形势，朱元璋接受了朱升的三步策略，他大力推行军队屯田，让诸将都参与劳作，同时大修水利、减轻百姓赋税，并且整治官吏的不良风气，不出几年，军粮就十分充足了。

之后，朱元璋制定了战略，巩固东西两线、出击东南。北线上，因为小明王属于“友军”，他只留下少数兵力维持地方治安；在东线，从江阴至长兴，他派兵筑起一道坚固防线，阻挡张士诚的进犯；西线则以守为攻，对徐寿辉、陈友谅采取防御姿态；主要兵力向东南方向出击，消灭浙东的元军。不到两年时间，他就攻取了浙江东部，领地也随之扩大了一倍，和徐寿辉（后为陈友谅）、张士诚并肩成为江南三巨头。此时，各自称王的陈友谅、张士诚、方国珍已经逐渐失去了民心，朱元璋决定将他们逐一击破，先拿陈友谅开刀，然后是张士诚、方国珍，最后击败蒙古人，统一全国。

刘伯温：诱敌深入，大破陈汉

四大高参已得其二，那第三位又是谁呢？他的名字叫宋濂，是元末著名的文学家和史学家，元朝慕其才能，曾多次邀其任官，却全被推辞。1358年，朱元璋率大军进攻浙东时，李善长也向朱元璋推荐了宋濂，李善长认为宋濂“博物洽闻，兼通象纬，可堪大用”。于是，朱元璋征召宋濂等浙东名士，希望他们前来辅佐。这一次宋濂仍然没有明确表态，却向朱元璋推荐了另一个人，他便是刘基。刘基，字伯温，是一个连宋濂都自叹不如的人。

想来读者已经明白，这刘基便是第四位高参，也是名头最大的一位。宋濂和刘基是多年的好友，二人曾共同跟随郑复初学习理学。二人后来走上了不同的道路，宋濂隐居仙华山，义不仕元；而刘基则在朝廷为官，助元朝剿灭义军。在这期间，刘基见识到了太多苦难，“兴，百姓苦；亡，百姓苦”，无论是义军胜利还是元军胜利，受苦的总是那些无辜的百姓。昔日繁华的杭州惨遭兵燹，被元军举火焚城，“市人半荷戈，使客尽戎装”，如果真的有一条活路，谁愿意过上这种担惊受怕的日子？刘基深感自己的无力，不禁“悲来怛中怀，泣涕纵横流”，他感到了迷茫，不知

宋濂

被明太祖朱元璋誉为“开国文臣之首”，明初时受朱元璋礼聘，被尊为“五经”师，为太子朱标讲经。1369 年，奉命主修《元史》。1377 年，以年老辞官还乡。后因长孙宋慎牵连胡惟庸案而被流放茂州，途中于夔州病逝，年 72。

刘基

在元至顺间举进士，朱元璋即位后，刘基奏请设立军卫法，又请肃正纪纲，尝谏止建都于凤阳。

该怎样做，只好弃官归乡，隐居青田。

当朱元璋派处州总制孙炎邀刘基出山时，他誓死不从，还回赠了一把宝剑，以表心迹。孙炎给刘基写了首《宝剑歌》，其中“还君持之献明主，若岁大旱为霖雨”中的“明主”这个词有些打动刘基，也许还可以再试试，若天下能在此人手中回归一统，百姓也能过得好一些吧。经过再三考虑后，刘基决定和宋濂等人到应天见见朱元璋。

朱元璋热情、诚恳地接待了他们，说：“我为天下屈四先生耳！”他在自己住所的西边修筑礼贤馆，供四人居住，并且礼遇有加。刘基献上时务十八策，来应对朱元璋“四海纷纷，何时能定”的疑问，此后，他一直担任朱元璋的军师。从计策名称中也能看得出，刘伯温是一位能够根据实际情况随时调整策略的军师，风云诡谲的战场给了他施展才华的空间，也为他赢得了“三分天下诸葛亮，一统江山刘伯温”的称号，朱元璋也亲切地称他为“吾之子房”。“子房”便是汉初三杰中的张良，有“谋圣”之称，可见刘基的能力与地位了。

刘基还救过朱元璋的性命。1363 年，朱元璋与陈友谅在鄱阳湖决战时，二人同乘一船，朱元璋根据地形，准备采用火攻战法。战役极为激烈，忙于督战的朱元璋没能留意到陈友谅的战船已经对准了他，发现了这一点的刘基连忙把朱元璋转移到其他船上，方才逃过了一劫。而他“移军湖口”的战略，更是使得朱元璋在此战中大获全胜。刘基在两军大战正酣时，吩咐常遇春诸将横截湖面，断绝陈友谅军的退路，再分兵断其粮道。陈友谅进退不得，只能从湖口突围，想要退回武昌，但水、陆两路都遭到朱元璋军队堵截。陈友谅自己在突围时中流矢身亡，其原先占据的广大地区也被朱元璋收归所有。在平定陈友谅、张士诚，乃至以后北伐中原的过程中，刘基经常建功献计，后世称其“渡江策士无双，开国功臣第一”。

大结局：宋濂临危撰写檄文

接下来要消灭的对手就是东面的张士诚和方国珍。1366 年夏，朱元璋发布檄文声讨张士诚，并以重兵包围了张士诚所在的平江。1367 年秋，朱元璋率军攻入了平江城，张士诚自缢而死。随后，朱元璋命汤和为征南将军，讨伐割据了浙东多年的方国珍，方国珍投降。1367 年冬，朱元璋命徐达、常遇春率军二十五万，进攻中原。北伐中，朱元璋发布了宋濂撰写的《谕中原檄》，提出了“驱逐胡虏，恢复中华，立纲陈纪，救济斯民”的口号，这成为朱元璋北伐的纲领。

朱元璋之所以能够成功，手下的四个高参起到了重大作用：任用李善长，南渡长江，建立起了自己的根据地；任用朱升，不当出头鸟，低调发展自己的实力；任用刘伯温，决战鄱阳湖，大破陈友谅；任用宋濂，撰写讨元檄文，成为北伐的纲领。

郑成功收复台湾

弱小的南明王朝在凄风苦雨中坚持了三十九年，在这段短暂的历史上，南明在战场上常被打得丢盔弃甲，1662 年 1 月 25 日终于得以扬眉吐气。那是一个清晨，阳光正好，郑成功率军向盘踞台湾“热兰遮”城的荷兰侵略军发动最后的总攻。这是大航海时代开启以来，东西方国家之间的第一次大战，也是决定着台湾日后几百年命运的一场大战。

那么，郑成功是在何等背景下收复台湾的呢？为什么说这是一场决定着台湾日后几百年命运的战役呢？

荷兰殖民者占台湾

16 世纪，资本主义发展迅速，西方人不满足在海外殖民了，准备来东方碰碰运气。于是 1601 年，荷兰殖民者浩浩荡荡地开向澎湖湾，准备在那里侵略中国，结果打了四次，都被击败了。明的不行，就来阴的，1624 年秋，荷兰殖民者以欺骗的方式获取了当地居民的信任，终于在安平地区登陆。1626 年，一些西班牙殖民者侵入台湾北部。而 1630 年，荷兰人在安平构筑了台湾城。1642 年，双方为争夺台湾的控制权，大战了一场，结果就是西班牙军队全部撤出了台湾。1650 年，卑鄙的胜利者荷兰人建造起了赤嵌城，将台湾据为己有。

郑成功

郑成功1661年率军横渡台湾海峡，翌年击败荷兰在台湾大员的驻军，收复台湾，开启了郑氏在台湾的统治。

当时的郑成功正在忙着反清复明的斗争。拥立朱元璋第二十三子八世孙唐王朱聿键的郑芝龙是郑成功的父亲，他在1646年战败投降。自此，郑成功与父亲决裂，继续反清复明大业。1650年，郑成功夺了厦门、金门两岛作为抗清基地。

郑成功在兵力最强盛时，士兵近二十万，各种船只五千余艘。

不久之后的1652年，台湾爆发了反对荷兰殖民者的郭怀一起义。

两个被忽视的小人物

郭怀一，福建泉州同安人，据说原是郑芝龙的部下，但并无文献可考。郑芝龙接受明朝的招抚后，由海上回到福建，郭怀一则留守台湾，定居在赤崁城附近，并开垦土地，创立家业，日子过得颇为富足。因为他仗义疏财的个性，结识了不少有识之士，在群众中很有威望，荷兰人便委任他当了村长。但是，由于1650年前后，蔗糖业不振，加之荷兰人的蛮横课税，汉人积累的不满终于爆发了。郭怀一等人便决定消灭荷兰人，夺回台湾的主权。

1652年9月7日，郭怀一开始了他的计划。他邀请附近村庄的朋友和村长到家里商议起义之事：计划在十天后的中秋节夜晚由郭怀一邀请荷兰官吏吃饭，在宴席上把官吏杀掉；事情办完后，再以送荷兰长官回去的名义，骗开城门，一举捣毁侵略者的巢穴。这个计划似乎天衣无缝，但是却出现了告密者，他就是郭怀一的弟弟郭保宇。郭保宇是个吃里爬外、胆小如鼠的软骨头，他将计划报告给了荷兰长官。事已至此，也没有退路了，郭怀一当机立断，把起义时间提前到了当天夜里。由于准备不足，这场小规模起义只持续了半个月，就被荷兰军队镇压了下去。荷兰殖民者怀疑是郑成功在背后策划了此事，于是严加搜查郑成功前往台湾的船只，并截捕郑成功的商船。郑成功闻之大怒，“遂刻示传令各港澳并东西夷国、州、府，不准到台湾通商。由是禁绝两年，船只不通”。

1655年夏，郑成功给荷兰殖民者发了一通公告，要求荷兰人在台湾张贴并执行，大致内容是：马尼拉的西班牙殖民者在前一年迫害中国海商，因此要断绝中国商人与马尼拉之间的贸易。按理说，这个贸易禁令是针对西班牙人的，跟荷兰人没什么关系，但这张公告却被荷兰人藏了起来，不予张贴。这其实关乎到了一个很重要的点，这台湾谁说了算，如果他们听了郑成功的，把公告贴了出去，那就是承认了郑成功对台湾享有主权，这是荷兰人绝对不会同意的。

在郑成功看来，台湾自古以来就是中国的领土，凭什么任由你们胡作非为！1656年夏，郑成功在厦门颁布公告，宣布将于一百天后断绝与台湾的贸易，借经济封锁逼荷兰人就范。这次，他派人直接到台湾宣读这份贸易禁令，语气非常自然轻松，就像台湾一直是由他管着的一样，荷兰殖民者当然是暴跳如雷。

当然，郑成功的政策还是对荷兰人造成了不小的影响，随着贸易禁令生效，两岸贸易额锐减。荷兰人不得已，1657年夏派荷兰驻台长官揆一遣通事何斌见郑成功，请求重开两岸贸易。当时，郑成功忙着北伐，根本没时间搭理他们，于是就顺势答应恢复了贸易，但暗地委托何斌替他征收商税，一切运抵台湾的货物都需要纳税，并允许何斌从中提取一定的金额作佣金。何斌每年向郑成功缴纳的税银高达一万八千两。

贸易问题暂时得到解决，郑成功又把心思放回反清复明的事业中来，他曾率领水陆大军至少三次北上，希望攻下明朝的故都南京。最接近成功的一次是1659年夏，郑成功联合抗清志士张煌言等人，一举攻下崇明、瓜洲、镇江，进抵长江，直捣南京。但最后因为战略指挥失误、骄傲自满，导致南京久围不下，直至清军大部援兵赶到，郑军惨败，被迫退回厦门。

经过此役，郑军元气大伤，士气也低落到了极点，人心开始涣散。就是在此时，何斌的行为也被荷兰人发觉，解除了其在东印度公司的职务，并被罚了二十万元。何斌派人密驾小船，测鹿耳门至赤崁城的水道，将其连同荷兰人在台湾的布防情形绘成一图，亲自乘船至厦门献与郑成功，极力宣扬台湾的富庶和可取之处。于是郑成功毅然决定：收复台湾。支撑郑成功信心的，除了台湾岛重要的战略地位和拓展抗清根据地的需要，更重要的是他那不曾放弃的信念：台湾者，中国之土也！怀着这样的信念，郑成功率军踏上了劈波斩浪的战场。

智慧与意志的胜利

只凭一腔热血是无法成功的，这个将“成功”刻进名字里的男人，已经有了一套完整的计划，首先是算准台海潮汐，从狭窄的鹿尔门成功登陆，再以麾下载炮两门的“大青头”战舰摧毁荷兰巨舰。登陆后的南明步兵勇猛异常，荷兰步兵则一触即溃，只留下了满地的尸体。“普罗民遮城”被郑成功迅速切断水源，只撑了不到三天就宣告投降。郑成功一路高歌猛进，打得荷兰侵略者连连败退，到最后只剩了还在负隅顽抗的“热兰遮城”。

作为荷兰人最后的堡垒，“热兰遮城”是没那么轻易攻下的，这是留给郑家军真正的考验。“热兰遮城”不单是荷兰人控制台湾的枢纽，更是集合了欧洲城防高科技的顶级要塞：它拥有二百丈周长的城池，三丈高以石灰糯米砌成的城墙，还有深入地下一丈的地下工事，密集的炮火部署足以封锁城外一切通道。“热兰遮城”在当时有着“东亚第一要塞”的名号。

1661年春，久攻不下“热兰遮城”的郑家军已经显出疲态，加之军粮匮乏，似乎已经到了不得不退的地步，很多谋士都在苦劝郑成功撤军，哪怕是暂时撤到澎湖等地休整也好。但郑成功却在这样的困境里，做出了一个出乎所有人意料的决定：在此地驻扎下来。

于是，郑成功的大军如种子落入土壤，在台湾大地生根发芽。他们开荒种地，自给自足，得到了饱受殖民压迫百姓们的帮助。很快，大片大片的良田被开垦出来，丰收连连。台湾是中国领土，这可是郑成功大军的主场！而荷兰人呢，在近乎绝望地苦等援军。

在他们还没有完全陷入绝望境地时，援军终于来了，只是没起到多大作用，还颇具喜剧效果。第一拨援军五月刚登岸，就被郑成功抓了俘虏；第二拨援军七月发起猛冲，一下撞进了郑成功的埋伏，三艘战舰成了郑成功的战利品。从此荷兰舰队决定不再救援了，消耗不起。就这样，一个从理论上看似乎很艰难的战役，在郑成功巧妙的运筹帷幄下，不仅没在九个月里成为困局，反而借机扭转了局势。到 1662 年初，南明大军的足迹遍布台湾岛各处，粮草物资得到了极大的丰富，新型的攻城火炮装备也已经保质保量地装备完毕。

扬眉吐气，造福后代

1662 年 1 月 25 日，在拉锯战中，愈来愈强的南明军队终于向“热兰遮城”发动了猛烈的进攻。凶悍的火力疯狂地倾泻在城墙上，仅两个小时，就把这座号称坚不可摧的堡垒轰出了近三百个大洞，多处城墙也随之坍塌。在这样猛烈的进攻下，荷兰人彻底丧失了抵抗的勇气，荷兰总督揆一慌忙跑来求和：愿罢兵约降，请乞归国。12 天后的 2 月 6 日，数百名荷兰残兵交出所有的城堡，灰溜溜地乘船离开了。沦陷了三十八年的宝岛台湾终于回到了中国人的手中！这是我国民族英雄郑成功戎马生涯里的最后一战，也是最辉煌的一战。

大败而归的荷兰人并没有善罢甘休，郑成功去世后，他们多次对台湾进行反扑。但勇敢的南明军队和台湾百姓在郑成功之子郑经的带领下，团结在一起，继续与侵略者浴血奋战，屡次重创荷兰舰队。一直到 1683 年清军登陆台湾，这支孤守宝岛的南明铁军都牢牢地将西方殖民者挡在中国海之外！

熟悉近代西方殖民史的朋友，相信更能明白这一战对近代中国海洋安全的意义：这些盘踞在台湾的荷兰殖民者是有着割裂这片土地的想法的，一旦台湾被割裂，中国东南海疆将直面西方舰队的威胁，郑成功的这一战遏制了这样的局面，为之后一系列丧权辱国的战争留下了回旋的余地。所以，从这个意义上说，郑成功这支南明大军，打出了一场令近代中国受益百年的胜利！

郑成功收复台湾，是17世纪东西方军事力量的一次真枪实弹的对决，西欧引以为豪的纪律、训练、火枪战术，在郑家军面前毫无优势。郑成功收复台湾，驱逐荷兰殖民者，维护了中华民族的利益，捍卫了中国主权和领土的完整，促进了台湾经济的开发，加强了台湾与内地的联系，具有极其重大的历史意义。有学者形容此役“决定台湾尔后四百年命运”——收复台湾之后，大陆移民带来了中原先进的文化和制度，奠定了台湾在日后成为一个以中华文化为主的社会的基础。

台湾番社风俗

此图描绘了当地人稼穑、狩猎等生活情状，是研究台湾历史的重要资料。

第一次鸦片战争

1839年1月8日，钦差大臣林则徐从北京出发，前往广州。2月24日，林则徐行至江西省泰和县时，下了一道密令：责成广东布、按两司速即拘拿王振高等17名首要人犯；确查再拿苏光等40名次要人犯；拿蒋大彪等5名一般人犯。钦差大臣林则徐前往广州到底所为何事？上述62人又犯了什么罪？远在江西的林则徐又是通过什么渠道知道了这些人在广东所犯罪行的？林则徐在广州的所作所为，与第一次鸦片战争的爆发又有什么关系？

钦差大臣赴广州

19世纪40年代，英国率先完成了“工业革命”，开始在世界各地进行殖民扩张，准备开辟原料产地和商品市场。当时英国对华主要输出的商品有纺织品、金属制品和棉花等，金属制品和棉花虽然能从中国牟利，但赚得实在有点儿少，纺织品则直接处于亏损状态，毕竟中国也算是纺织大国了，不差这点儿东西。那么，问题就来了，英国亟须中国的茶叶、生丝等土特产品，自己又没有等量的商品进行交易，一直亏本是商人万万不能忍受的事情，于是他们就想到了一个“好”主意，那就是鸦片。

鸦片属于毒品，对人身体危害极大，且具有极大的成瘾性，这让我想起最近央视出台的禁止槟榔广告出现的措施。近些年，中国对于这些有毒成瘾

林则徐

曾任湖广总督、陕甘总督和云贵总督，两次受命钦差大臣，因为主张严禁鸦片及抵抗西方列强的侵略，有“民族英雄”之称誉。

的物品监管极为严格，但百年前的清朝监管却较为宽松。丧心病狂的西方商人借此大量倾销鸦片，用一个个瘾君子虚弱的身体，肥了他们的腰包，中国的白银大量外流，这对清王朝的政治、经济和军事力量都造成了极大的影响。此时的清王朝已经逐渐衰落，此事件无疑是雪上加霜。

不能再这样下去了，湖广总督林则徐根据自己的实践，决定从源头入手，重治鸦片烟贩。他上书道光皇帝：“如果鸦片还没有在全社会流行，那他损害的只是吸食鸦片者自己的身体，打板子、流放，就足以惩罚他们的罪行了，可一旦鸦片的毒害扩展至全国，就会蚕食军人的意志，消耗掉国家的财政，这样，我们面对入侵时就再也组织不起一支与之对抗的军队了，国家也再也没办法收到充足的赋税了。因此，执法必须从严。”林则徐这段话的中心着眼点有两个：“军队”和“财政”。军队是清王朝统治的工具，财政则是清王朝赖以生存的命脉，二者缺一，清朝的统治就无法维系。

家住福建（福建是中国境内较早受到西方殖民侵扰的地区之一）的林则徐，年轻时曾亲身经历过鸦片泛滥之祸，这使得他“于外夷一切伎俩，早皆深悉其详”，积累出了一套完善的禁烟经验。早在 1823 年，林则徐任江苏按察使时，就下令密访、严拿勾结衙门差役开设鸦片烟馆的土豪恶棍。1832 年，林则徐任江苏巡抚后，又进一步提出一系列严密的禁烟措施，严禁鸦片进口，取缔鸦片商贩，勒令吸食者服药戒瘾。1837 年转任湖广总督的林则徐继续大力禁烟：他自己出钱配制大量“断瘾药丸”，强迫吸食者服用，并且严厉搜查鸦片和烟具，这些措施取得了很好的成效。

道光皇帝采纳了林则徐的禁烟主张，于1838年12月31日任命其为钦差大臣，节制广东水师，前往广州查禁鸦片。1839年1月8日，林则徐从北京前往广州，在路上先后见到了包世臣等名士，还接见了在广东生活了八载的门生张浦云等人。通过各种渠道了解情况，林则徐掌握了大量具体的材料，获得了一批贩毒、贿纵犯的姓名、住址和罪状，于是便出现了开头的一幕。

与诸多对手较量

1839年3月10日，林则徐到达广州，他的挑战才刚刚开始。首先他要面对的就是这些居心叵测的官员，鸦片之所以泛滥成灾，就有着他们的“功劳”。那要如何同这些对手进行斗争，才能取得禁烟运动的胜利呢？

成大事者必不拘小节，所谓的“小节”便是那些足以影响到你的多种因素。林则徐的对手实在太多了，有英国侵略者和中外鸦片贩子，有清王朝从中央到地方借鸦片走私而受益的大小官吏及其附庸者，更有清朝满洲亲贵和嫉妒林则徐声名的权势人物——也许这些人才是对禁烟阻碍最大的人，因为连朝廷都是人家的，巨大的势力压得人喘不过来气，但禁烟事业必须进行下去。林则徐怀着“虽千万人吾往矣”的气魄，说下了这样的话：“死生命也，成败天也。苟利社稷，敢不竭股肱以为门墙辱？”生死有命，成败在天，只要能对国家有利，又怎会因个人的荣辱而不竭尽全力呢？千秋功过，自有后人评说，林则徐似乎已经做好了最坏的打算，却怀着最光明的希望。他，已经准备好一切了。

为了把国内这些借鸦片走私、贩私而受益的大小官吏们从各级官场中驱逐出去，林则徐做了如下工作：

首先是保守秘密。来到广州的第二天，林则徐便吩咐随行人员绝不能走

广州城珠江滩景图

该图以实景方式描绘了广州珠江上帆樯林立及沿岸商号、夷馆的分布，随珠江沿岸在图面一线展开；绘出了江边居民生活及分布在珠江滩边的中外商行。

漏半点消息，潜藏实力与意图，才能出其不意，攻其不备。

其次便是处理主要矛盾。他只收阅揭露鸦片罪犯的呈词，其他无关问题一概不理，林则徐与手下人把主要精力都放在了研究禁烟办法和加强防务的措施上来。

再次是动员群众，主要是广州地区的学生。林则徐以检查学业为名，召集了六百多名学生进行考试，要求他们除回答考试题外，还要发表对禁烟问题的意见、建议和对有关情况的看法——他们对于此事更有发言权，也更能提出切实可行的建议以供参考，人民群众的智慧和力量是无穷的，团结起来可以无坚不摧。

最后便是火速行动，查封所有的鸦片烟馆，从根本上断绝吸鸦片事件的发生，并传讯垄断对外贸易的十三洋行商人。

通过上述努力，林则徐掌握了外国鸦片贩子与广东大小官员勾结的内幕，一举查办了历年包庇鸦片走私、贪污受贿的大小官员，严惩了与外国鸦片贩狼狈为奸的十三洋行中的不法行商。接下来，就该对英国侵略者和鸦片贩子下手了，为此，林则徐做了如下工作：

第一，要求外国商贩报明所存鸦片数量，限期三天内上交，不得有丝毫隐藏；要具结保证："永不敢夹带鸦片，如有带来，一经查出，货尽没官，人即正法。"

第二，正告外商"若鸦片一日未绝，本大臣一日不回，誓与此事相始终，断无终止之理"，倘若外商"不知悔改，唯利是图，非但水陆官兵，军威壮盛，即号召民间壮丁，已足制其命而有余"。

三天期满后，林则徐只收缴了 1037 箱鸦片，这是商贩们偷奸耍滑地糊弄他，反正历任官员都是如此嘛，面子上过得去就是了。但林则徐和历任官员显然不同，你敢敷衍我，就别怪我不客气！

林则徐了解到英国商人所存鸦片至少还有两万箱，于是立即下令传讯鸦片贩子英国人颠地。3 月 24 日，英国所有在伶仃洋的鸦片趸船 22 艘连同鸦片贩子颠地，均被关天培所属的广东水师捕获。之后，林则徐命令封存停泊在黄埔港的所有鸦片货船，停止中英贸易，外商不准出入，并且立即撤出受雇于洋人的所有中国人员。

这些措施很快就取得了成效：3 月 27 日，在林则徐到达广州的第 18 天，义律被迫具禀林则徐，愿意交出所有鸦片。接着，英国的 22 艘鸦片趸船遵照林则徐的命令开往虎门，交由林则徐处理。5 月 18 日，收缴工作结束，共计鸦片 19187 箱又 2119 袋（其中美国鸦片 1540 箱），计重 2376254 斤。

为何在虎门销烟

其实按照道光皇帝的构想，鸦片应该拉回北京，当着反对禁烟的人的面来销毁，这样方可宣示自己的皇权至高，不容侵犯。但他很快发现鸦片的数量太大了，这样带回北京，会有很大的运输风险，只能就地销毁。

但就地销毁也必须慎重，当时的销烟主要有两种方法：

一是放火烧烟。如果真这么做，基本上是让在场的人和周围群众集体吸一次毒，绝对不可以。

二是海水浸化。在海边挑挖两池，池底铺石，为防鸦片渗漏，四周钉板，再挖一水沟。将盐水倒入水沟，流入池中。接着把烟土割成四瓣，倒入盐水，泡浸半日，再投入石灰，石灰遇水便沸，烟土溶解。再命士兵拿木耙不停地在池中搅拌，务求烟土完全溶入水中。待退潮时，把池水送出大洋，并用清水洗刷池底，不留涓滴。这种方法的好处是：不会渗入土里；没有在空气中传播烟毒；被生石灰混合的鸦片无法再次提炼；被海水冲刷后不留痕迹。

为什么选择在虎门销烟呢？这得益于它的地理环境。广州处于珠江三角洲口，如果直接从那里销烟，可能会让被污染的海水倒流入内河，阻塞河道，造成环境污染。而虎门险要天成，沙角和大角两山对峙形成出入珠江南海门户，海水顺南海而出，入外海，不会造成污染。这儿又有清军众多的炮台，在此毁烟，既有利于掘池，引水浸化，又有利于防卫。

图中描绘鸦片入侵国人生活，对国人生活造成的危害。

1839 年 6 月 3 日，震惊世界的虎门销烟开始了。这一伟绩向全世界表明中国人民反抗外来侵略的坚决性，并一洗贪官污吏所加于中国的耻辱。销烟的壮举振奋人心，远近群众来观看者络绎不绝。端午节前，每天销烟的数量从 170 箱提高到 1200 箱；端午节后，每天销烟最高达到 1600 箱。6 月 25 日，虎门销烟胜利结束。

虎门销烟之后，英国商船“萨克逊”号表示愿意同中国签订协约，进行合法的买卖，林则徐立即批准其到广州做生意。这引发了义律的愤怒。1839 年 11 月 3 日，两艘英舰在穿鼻洋面挑衅，炮击向林则徐聚结的英国商船，阻止其驶向广州，强行令其折返。时任清军水师提督的关天培正率师船在穿鼻洋面巡逻，见到此景象的他急令本船士兵发炮回击，穿鼻洋战役在这一天中午正式爆发。这次战斗可以说是揭开了中英鸦片战争的序幕，实际上是英国发动鸦片战争的开始。

虎门销烟的壮举，大大增加了中国民众对鸦片危害性的认识，使很多人看清了英国向中国贩卖鸦片的本质，爱国意识得以被唤醒。这是英国殖民者万万不能容忍的，于是，他们最终以此为借口，挑起了第一次鸦片战争。

知识链接：

第一次鸦片战争：英国向中国发起的一场非正义的侵略战争，此次战争以中国的失败而告终，中国赔款割地，并签订了第一个丧权辱国的不平等条约《南京条约》。这是中国近代史的开端，中国从此开始沦为半殖民地半封建社会。

第二章 重要改革

商鞅变法

商鞅的变法发生在秦孝公在位时，变法开始前，商鞅曾叫人在都城南门竖了一根三丈高的木头，并下了命令："有能把木头扛到北门去的，赏十两金。"不一会儿，南门口围了一大堆人，不过都是看热闹的，毕竟这木头谁都拿得动，扛到北门简直轻而易举，就这也值十两金子，任谁都觉得他是在开玩笑。

商鞅见无人敢上，又把赏金提到了五十两，这样一来，似乎坐实是在开玩笑了。不过，扛一根木头并没什么难度，最终还是有人抱着试试看的态度把木头扛到了北门。商鞅果然兑现了承诺，赏了他五十两黄澄澄的金子，这件事立刻就在全国引起了轰动。

这件事与千金买马骨的事情类似，重要的不是事件本身，而是通过这件事传递出的态度，千金买马骨，传递出的是君王对千里马的渴望；而这件事，商鞅想表明自己的态度，即言出必行，在民众心中建立起一个诚信可靠的形象，这对日后变法的实施是大有帮助的。

卫鞅来秦

公元前438年，韩、魏、赵三家瓜分了晋国的土地，即历史上有名的"三家分晋"。这是春秋、战国两段历史的一个重要分割线，是春秋的终点，也

徙木立信

说的是商鞅在实施变法前为了取得人们的信任，曾将三丈长的一根木头置于国都南门，并宣布说：有能将此木移于北门者，赏十金。由于无人相信，故过了好久，木头仍在南门搁置。商鞅再次宣布：有能将此木移至北门者，赏金五十。果然，有人抱着侥幸心理将木头由南门移至北门。商鞅立即派人如数将金赏给了此人。

是战国的起点。魏国在此之后率先进行了改革，一跃成为当时最强大的国家，而秦国却深陷于内忧外患之中。

公元前600多年的秦穆公时期，秦国曾是春秋五霸之一，但之后的国君都没什么大作为，造成了秦国连续几十年动荡不安的局面，秦国的国力也在消耗中逐渐衰弱。秦献公即位后，决心扭转局面，可惜的是，刚打了几场漂亮仗，便于公元前362年不幸去世，接替他掌管国家的便是秦孝公。

孝公即位时，黄河和崤山以东已形成了战国六雄的局面，除此之外，淮河、泗水之间还有十多个小国。周王室势力已经衰微，诸侯之间凭武力相互征伐吞并。东方六雄中，楚、魏与秦接壤。魏国占有原本属于秦国的河西地区，从郑县沿洛河北上修筑长城。楚国自汉中郡往南，占有巫郡和黔中郡。

秦国偏居雍州，不参加中原诸侯的盟会，因此被诸侯们疏远，并被视作夷狄。秦孝公即位后，决心恢复秦穆公时期的局面，在此目标的基础上，他广施恩德，救济孤寡，安定民心；同时招募战士，明确论功行赏的法令，并在国内颁布了著名的《求贤令》：“有能出奇计强秦者，吾且尊官，与之分土。”

此时，就该轮到商鞅登场了。商鞅，本为公孙氏，是卫国的公族，所以也称卫鞅或公孙鞅。后来在秦国，他受封了商於的十五邑，因此被称为商鞅。商鞅年轻时，爱好刑名之学，他先到了魏国，任魏相公叔痤的家臣，从此可以看出他在魏国的待遇并不高，没能进入决策机构一展宏图。但公叔痤其实是很赏识他的，多次向魏惠王举荐他，但最终都未能如愿，直至临死之前，还向魏惠王推荐商鞅，要惠王用他为相，并说如果不用，就要把他杀掉，不能让他离开魏国。之后，他还一厢情愿地劝商鞅快跑，说自己于公于私不能两全，也只得如此。商鞅却早已看透了一切，苦笑着说："他既然不会因为你的话重用我，又怎会因为你的话杀我呢？"一切果然如他所料，魏惠王既没重用他，也没杀他。彻底寒了心的商鞅，恰在此时听到了秦孝公下令求贤的消息，便来到了秦国，居住在孝公宠臣景监的家里。

据《史记》记载，商鞅先后拜见了秦孝公三次，陈述自己的治国之道。第一次讲的是帝道，把秦孝公听睡着了；第二次讲的是王道，秦孝公勉强没睡，但也很不耐烦；第三次讲的是霸道，终于对了秦孝公的心意，两人相谈好几天，很是畅快。

帝道，是指道家的以道治国；王道，则是儒家的以德治国。这两样都不够直接，也不够实用，所以秦孝公都没有兴趣。而霸道是以法治国，简单直接，操作性强，于是两人一拍即合。于是，著名的商鞅变法开始了。

第一次变法

公元前 356 年，秦孝公任命商鞅为左庶长，实行第一次变法。这次变法的主要内容有三点：

第一，编户齐民，加强刑赏。五家为一伍，十家为一什。什伍之内的各家百姓互相纠察，有一家作奸犯法，别家必须告发。如果隐瞒不告发，就要同罪连坐。告发奸人的，和斩得敌人首级获同赏；藏匿奸人的，要和投降敌人获同罪。新法还规定，旅客必须凭借凭证才能留宿客舍，收留没有凭证的旅客，客舍主人要问罪。新法取得了巨大的成效，《史记·商君列传》如此称赞商鞅变法："道不拾遗，山无盗贼；家给人足，乡邑大治。"

第二，鼓励小农生产，崇本抑末。新法规定，只要一家有两个以上的成年男子，就必须分家，各立户头，否则要加倍出赋税。要努力搞好生产，只要粮食和布帛生产得多，就可以免除劳役，因从事末利、游手好闲而贫穷的，全家要被罚作官奴婢。商鞅奖励的一家一户男耕女织的生产方式，有利于经济发展。这种小农经济形式是封建统治的经济基础。改革具体措施有二十条之多，其中有不少抑商政策。例如：规定商人必须向官府登记奴隶的名字和数目，以便官府摊派徭役；提高市上酒肉税额，要让税额比成本高十倍；加重关卡和市场上的商品税，不准私自贩卖粮食，牟取暴利。商鞅还主张"一山泽"，由国家统一管理山泽之利。上述这些抑商政策，目的在于防止商人损害、破坏小农经济，帮扶小农经济的成长。

第三，奖励军功，按军功重新规定给予名位的标准。凡是立军功的人，按功劳大小可获得君上爵赏；私斗的人，要按犯罪轻重受刑罚。奖励军功的具体办法是：在战争中斩得敌人一个首级的，赏爵位一级；要做官的，委任五十石俸禄的官。斩得敌人两个首级的，赏爵位二级；要做官的，委任一百石俸禄的官。以此类推，共有二十个等级，官爵的提升跟斩得敌人首级的军功相称。对于没有军功的宗室子弟，一律废除其名位，按军功重新规定尊卑爵秩等级；而有军功的人，则可以享受军功爵位待遇以及荣誉。

第二次变法

公元前 350 年，商鞅被升为大良造，开始进行第二次变法。这次变法决定进一步从政治和经济上进行改革，目的在于进一步谋求富国强兵。这次变法的主要内容有下列五点：

废井田

从法律上废除了井田制度，确立了土地私有制。开阡陌是允许人们开垦无主荒地，土地可以自由买卖，赋税则按照各人所占土地的多少来平均负担。

第一，废井田，开阡陌。在商鞅以前，田地都被分成小块，块与块之间的封界叫“阡陌”——南北曰“阡”，东西曰“陌”。田地被“阡陌”隔开，形状像汉字的“井”字，故称井田。这种地块是以前用来分封诸侯的计算单位，也是以后按人口授田的计算单位。而随着农业技术的提高，一个农民能够耕种的田地越来越广，阡陌也就限制了生产力的发展。“开”字的意思不是开设，是打开。商鞅“开阡陌”，就是把这些阡陌都挖掉，把限制打开，这和准许买卖田地是连在一起的两项措施。开阡陌之后，废除了农民耕种土地的限制，又承认了他们所耕种的土地为个人私有财产。这就进一步收拢了民心，使人民“归心于农”。

第二，推行县制。商鞅把许多乡、邑聚合为县，设置了41个县，并设县令、县丞、县尉等官。县令是县之长，县丞掌管民政，县尉掌管军事。商鞅普遍推行县制，是为了把全国政权、兵权集中到朝廷，建立君主专制的统一封建政治体制，以巩固统治，发展地主经济。

第三，迁都咸阳，修建宫殿。为争取中原，向东发展，秦国把国都从雍迁到咸阳。咸阳位于秦国的中心地带，附近物产丰富，靠近渭河，交通便利。

而旧都雍旧贵族的势力较大，对变法发展不利。

第四，统一度量衡。度量衡的统一，对秦国统一赋税制度、俸禄制度都有很大作用。传世有商鞅方升，这件珍贵的文物应是商鞅为统一度量衡而制作的标准量器。

第五，革除残留的戎狄风俗，禁止父子兄弟同室居住。秦国的西南和西北都是少数民族，且秦国统一了许多少数民族地区，因而国内戎狄风俗较多。依照中原的风尚、习俗，商鞅革除了残留的戎狄风俗，有利于秦国的富强。

公元前 340 年，商鞅大败魏军，设计擒获了魏将公子卬，迫使魏国交还了一部分过去夺去的西河地。商鞅因此大功，受封于商，号为商君。

英雄末路

古来变法者，必与人交恶，因为法令是牵一发而动全身的事业，在满足某些人利益的同时，必也损害一些人的利益。商鞅变法就损害了秦国那些顽固旧贵族的利益，新法推行不久，就有数以千计的旧贵族到国都来，述说新法的不是。以太子的师傅公子虔、公孙贾为首的一批旧贵族还唆使太子犯法，以挑战商鞅的底线。

商鞅对此毫不留情，他对秦孝公说："国家法令，人人都要遵守。新法推行受到阻碍，主要是身居高位的人不遵守。现在太子犯法，也得依法惩办。因为太子是国君的继承人，不便用刑罚，但太子的师傅可替他担当罪名。"于是，太子的老师公子虔、公孙贾被判罪，在公孙贾的脸上刺了花（黥刑）。第二次新法公布后，旧贵族又出来阻止，商鞅把为首的祝懽杀掉，把屡教不改的公子虔的鼻子割掉（劓刑）。

坚持变法的商鞅常游走在生死边缘，他出门时会带很多卫士以防不测。除了旧贵族的暗害，在民众之中，他似乎也没有被完全认可。当时有个叫赵良的游士，就曾对他说："秦国人恨透了你，你的寿命就像早晨的露

明　冯梦龙　《新列国志》插图　商鞅被施刑图

商鞅回秦后被迫潜回封邑商，发动邑兵攻打郑县，秦惠文君派兵攻打，结果商鞅战败，图为商鞅被施车裂刑前。

水一样，长不了。你不如把封邑还给国君，隐居到偏僻的地方去种庄稼。”又说：“你不要仰仗着国君为你撑腰。国君一旦死去，秦国会重重地收拾你，你的灭亡，跷着脚就可以等到。”这里诅咒的成分多了一些，他们可能未必懂变法是如何实施的，只是亲身感受到了变法的弊端，只这一点，就可以让人恨上商鞅了。经历了大风大浪的商鞅，当然不会就此被吓倒，他的变法仍要继续。

公元前338年，秦孝公死去，秦惠文王即位，他就是曾经犯法的太子驷。此时，是该对商鞅进行清算的时候了，但总要有个理由吧，于是那些旧贵族就说：“秦国的妇女孩子都只知道商鞅的法，商鞅的威望比秦国国君高，这是很危险的；而且商鞅本来是您的仇人，您难道不趁现在收拾他？”这当然是说辞而已，知法懂法本是好事，但如果动摇了君王的统治威望，那就是坏事，要大力打击。于是，秦惠文王派官吏去逮捕商鞅。商鞅闻讯，只能逃走，但在找旅店住宿时，旅店主人拒绝了他，并说："商君定下的法律规定，留住没有凭证的旅客要受连坐的罪。"店主人当然不知道他就是商鞅，却惧怕他所定下的法律，严刑峻法使得商鞅自食苦果，商鞅不得已，企图逃往魏国，但魏国也拒绝了他。商鞅只好回到封邑，打算用武装反抗，但这个在他变法下已经变得十分强大的秦国，再也不是他所能对抗的。最终商鞅战败身亡，尸身遭受车裂，全家尽被屠杀。

秦惠文王并不糊涂，于私，他因仇怨杀了商鞅；于公，他却继续施行着他的新法。当时的兼并战争日益变多，变法也逐渐成为一种潮流，不同的变法运动开始在各个国家开展。通过变法，君主专制中央集权郡县官僚制国家纷纷建立，所代表的是封建地主阶级的利益。秦国商鞅变法的效果显然最为显著。即便后来商鞅被杀，但变法措施已深入人心。商鞅变法是一场顺应历史潮流、集列国变法之长的改革，是战国时期持续时间最长、涉及面最广、改革最为彻底的一次变法。秦国借此变得国富民强，为之后的一统中国打下了坚实的基础。

北魏孝文帝改革

493 年，北魏孝文帝统率三十万大军，从北魏都城平城出发，南下伐齐。大军在抵达洛阳后，秋雨绵绵，道路难行，漫长的征途早已使军队疲惫不堪，加之对未知南征的恐惧，大臣和诸多将士都不愿再向前了。孝文帝倒是极有气魄，大鞭一挥："都给我继续南下！"恐惧的群臣跪在马前苦苦劝阻。于是孝文帝表示：不伐齐，就给我迁都洛阳。当然群臣也不大愿意迁都，但相比南征，迁都显然好接受得多，那就迁都吧。看到这里，很多人应该明白了，这一切，其实都是孝文帝的计谋。

北魏孝文帝为什么非要迁都洛阳不可？这与北魏孝文帝改革到底有着怎样的关系呢？

创业艰难百战多

471 年，北魏献文帝拓跋弘与掌握朝政大权的冯太后矛盾激化，献文帝选择了以退为进的方法——将皇位禅让给了年仅 5 岁的太子拓跋宏，是为孝文帝。而自己作为太上皇，则顺理成章地夺回了冯太后的权力。

只是这太上皇并没掌握权力几年。当时天下动荡，北方柔然多次进犯北魏，而国内也不太平，统治阶级压迫民众，导致起义不断。太上皇拓跋弘多次御驾亲征，对外要对抗强敌柔然，对内还要镇压起义，同时实行一些奖勤

北魏孝文帝（拓跋宏，467—499 年）

中国历史上杰出的少数民族政治家、改革家。

罚懒、减轻徭役赋税的政策。当然，收效不大，漏船了才想起补洞，结果就可想而知了。476 年秋，心力交瘁的太上皇拓跋弘暴毙，时年 23 岁。于是，孝文帝的祖母冯太后再度临朝称制。

临朝后的冯太后积极地在北魏统治者中推行汉族的先进文化，还亲自督促孝文帝学习儒家经典，阅读诸子百家著作和历史典籍。从小的熏陶，使得孝文帝对汉文化产生了浓厚的兴趣，他敬佩和仰慕着汉族文化的传统、习俗及其深邃丰富的内涵，这种敬佩和仰慕，为他日后推行改革打下了基础。

在当时，北魏社会矛盾激化，局势动荡，孝文帝认为这都是鲜卑族落后的统治模式所导致的，他明白，要想巩固统治，就必须学习汉族的先进文化，借鉴汉族封建国家的统治经验。于是，他和冯太后一起，掀起了一场自上而下的改革运动，决心改变北魏的社会面貌。

太皇太后要改革

改革的前期，由冯太后主持进行。改革重点是通过建立新的制度，取代不合适的旧制度。这些改革措施主要有：

第一，制定官吏俸禄制，整顿吏治。北魏官吏原无俸禄，中央官吏按等级得到战争中获得的财物和劳动人口。地方官吏只要上缴一定数量的租税和绢帛等实物，就可以任意搜括百姓。官员如野兽分割猎物一般生活，在这样的制度下，吏治黑暗，贪污成风。484年，孝文帝下诏实行俸禄制，不许官员自筹俸禄，而是由国家统一筹集，按级别高低发给官吏。同时制定惩治贪污的办法，规定凡贪污帛一匹及枉法者，一律处死。现在看来有些量刑过重，但改革初期是要经历一些阵痛的，处罚重些，是为了改革得更加彻底，这些措施使吏治慢慢好转了起来。

第二，推行均田制。中原地区常年战乱，使得百姓流离失所，“千里无烟”，所以政府得到了大量无主荒地的控制权。485年，冯太后、孝文帝颁布均田令，推行均田制，按一定的标准，将国家控制的土地分配给农民耕

北魏骑马女鼓手，彩陶制

北魏彩绘陶驯鹰人俑（墓陶）

种，土地不得买卖。均田制的实行，使无地农民获得了土地，提高了生产积极性。同时，大片的荒地也被开发成为肥沃的良田，粮食产量不断增加，北方地区社会经济得到了恢复和发展。

第三，设立三长制。三长制的设立是为了配合均田制的执行，冯太后、孝文帝下令规定，五家立一邻长，五邻立一里长，五里设一党长。三长制是北魏基层行政组织制度，这样做有利于强化对地方的控制。三长的主要职责有检查户口、征收租赋、征发徭役和兵役、推行均田制。三长制的推行，健全了县以下地方基层政权，使国家从中央到基层的行政体制得以完善。这样的制度取代了此前实行的宗主督护制，保证了国家对人民的有效控制。

第四，推行租调制。制度规定：一对夫妇每年向政府缴纳固定数量的租调，这样使赋税的征收更加清晰，大大减轻了农民的负担。之前的农民为逃避政府掠夺，向豪强寻求庇护，使得地方势力过大，这一举措使得农民又重新转向政府，成为正式编入政府户籍的平民百姓。这样一来，从事农业生产的人口增多，国家的租调收入大为增加，中央权力也得到了更好的集中。

全面汉化得迁都

490 年，冯太后病逝。孝文帝亲政，继续推行革新措施，改革进入新的阶段。

此时的北魏都城平城就显得全方位落后了。政治上，这里聚集了太多鲜卑贵族元老，北魏想要加强对中原地区的统治，就得和汉族地主阶级合作，这些贵族势必会进行阻挠。

经济上，平城地处塞上，没有水路漕运，交通十分不方便，人越来越多，粮食却越来越少。

军事上，平城和强敌柔然挨得太近了，动不动就被骚扰一下，天天提心吊胆的。对北魏经略南方来说，平城的地理位置也显得太远。

基于以上原因，孝文帝决定迁都，迁到洛阳去，那里是中原的政治、经济、文化中心，三位一体，绝对更有利于北魏的发展。结果当然就是在朝廷里引起了一场轩然大波，贵族大臣极力反对，他们可不想放弃自己多年积聚下的势力。孝文帝早就料到了这一点，那好，那就“南伐”吧，看你们选什么。结果我们也在开头看到了，孝文帝赢了。

迁都洛阳之后，孝文帝雷厉风行地推出了易鲜卑服、禁鲜卑语、改姓氏、变制度、通婚姻等一系列强有力的政策和措施，目的就是改变鲜卑族原有的风俗习惯，进一步学习和采纳汉族的典章制度以及生活方式，促进鲜卑族积极接受汉族文化。

易服，自然是改穿汉装。他自己带头穿戴汉族服装，并在会见群臣时，

北魏孝文帝迁都石刻

孝文帝迁都洛阳是北魏孝文帝发动的迁都行动，正式完成于太和十八年。目的是实行汉化，是北魏实行汉化最重要的措施。这个行动促进了各民族之间的交往和经济发展，在一定程度上巩固了北魏政权。

通过赏赐冠服来授予官职。

在语言方面，孝文帝宣布以汉语为“正音”，鲜卑语则是“北语”，朝堂之上“断诸北语，一从正音”，官员上朝时要说汉话。30 岁以上的官员口音一时难改，可仍讲鲜卑话，暂不处罚；30 岁以下的官员必须严格执行法令，否则要降职。

将姓氏也改为汉姓，并按原姓氏确定门第等级。孝文帝下诏，将鲜卑人原有的姓氏改为汉姓。皇族拓跋氏改姓为元，为全国首姓，门第最高；其余鲜卑姓氏也改为汉姓，如丘穆陵氏改为穆氏，步六孤氏改为陆氏，贺赖氏改为贺氏，等等。他参照汉族门阀制度的做法，确定了鲜卑贵族门第的高下，并按照门第高低来选拔人才，任命官吏。

孝文帝还提倡鲜卑人和汉人通婚，自己首当其冲，将汉族大地主之女纳进后宫，又让他的几个弟弟娶了中原汉族女子做妻子。同时，北魏公主也与汉族地主联姻。这种政治联姻，将两族统治者的命运和利益绑在了一起，对巩固统治是极有帮助的。

孝文帝还规定，已经迁到洛阳的鲜卑人，就以洛阳为原籍，死后必须葬于洛阳附近的邙山，不准运回平城安葬。

上述措施，增强了鲜卑人对汉文化的认同，也得到了汉族地主对北魏朝廷的支持，有力推动了政权向汉族王朝统治模式的转化。

民族交融功劳大

经过孝文帝的改革，北方社会经济发展速度明显加快。统治者在迁都洛阳后，开始吸收汉族的先进文化与制度，北魏王朝封建化的进程也大大加速。这场改革，不仅对北魏社会政治生活，也对整个中国历史产生了深远的影响，主要有以下几个方面：

尊儒崇经，兴办学校。孝文帝很推崇儒学，他在洛阳建立孔子庙，并且亲自前往祭拜，还下诏兴办太学等学校，广招生员，教授儒家经典。

恢复汉族礼乐制度。“礼乐”是汉文化文明与等级的标志，孝文帝对此十分重视，他亲自制定各种礼仪制度，并要求鲜卑贵族臣民改变旧的礼仪，按照汉族的礼仪去规范祭祀行为。

采纳汉族封建统治制度。孝文帝参照汉族的官制，将北魏官制定为九品，并对官职名称进行修改调整；在律令上，向中原法律靠近，废除落后的残酷刑律。

经过北魏孝文帝改革，民族矛盾得以缓和，统治得到巩固，两族交流更加密切，形成了民族大融合的局面。以此为基础，北魏慢慢结束了长期的分裂局面，重新走向了国家的统一。

在孝文帝的改革下，迁居洛阳的鲜卑劳动者成为中原的农民，他们建起房屋，并经营起了自己的土地，彻底脱离了游牧生活和与部落的联系。而鲜卑贵族则占领良田，身份成为封建地主，有的还兼事工商业。经济生活的变化也促使习俗发生改变，汉文化成为社会风俗习惯的主体。

同时，鲜卑族原有的文化精华也与汉文化融合，鲜卑族畜牧生产的经验和技能，在北方汉人中得到广泛传播，促进了经济生产。孝文帝时，有诗歌描写汉族年轻女子“褰裙逐马如卷蓬，左射右射必叠双”，原本柔弱的汉族姑娘也多了几分豪迈的气质，这便是鲜卑文化对汉人的影响。

负面影响很长远

孝文帝所实施的一系列汉化改革措施，在中华民族发展史上意义重大，是一场规模浩大、比较全面的改革运动。然而，在孝文帝死后仅 30 余年，北魏王朝便迅速分崩离析，这说明孝文帝改革与北魏政权的瓦解之间，也存在着一定的关联性。

作为当时一个较为落后民族的统治者，孝文帝能够抛却民族偏见，通过改革，促使鲜卑族封建化和民族大融合，是具有很大的进步性的。这场改革使鲜卑族由奴隶制转化为封建制，顺应了北方民族交往、交融的历史趋势，大大缓解了民族矛盾，使得北魏的经济高速发展，社会欣欣向荣，为以后北方统一南方以及隋唐盛世的出现打下了基础，是中华民族改革史上光辉的一页。

但是，改革也存在着很大的弊端，那就是不加扬弃，全盘汉化。鲜卑族毕竟不是汉族，孝文帝在迁都洛阳、移植门阀制度和定姓氏的过程中所产生的消极影响，激化了北魏社会矛盾，让政治集团分裂，官僚贵族腐化奢靡，而那些勇武善战、锐意进取的民族精神和民族性格却被不断削弱，最终导致了北魏政权的瓦解和灭亡。

这让我想起中国近代曾实行的一些照搬西方模式的改革，历史的经验告诉我们，在学习先进经验时，绝不要全盘照抄，而是要取长补短，取精去糟。同时加强精神引导与道德训诫，唯其如此，方可国富民强，长治久安。

王安石变法

身居高位的王安石，在生活中却是个极度不修边幅的人。长时间不换衣服、不洗脸、不漱口，也不洗澡，与一切干净行为绝缘，外套上沾满了汤汁的油渍，可见他的饮食习惯也相当粗放。不过颇高的官名和文名，使得这些习惯也不算什么了，成大事者不拘小节嘛，人人都这样说服自己。据史书记载："时人咸谓其贤。"就是说，人们普遍认为王安石是了不起的高人，士大夫以不能结识王安石为最大的憾事。

那么，王安石为什么要变法？王安石变法与北宋灭亡又有什么联系呢？

时人未必咸谓其贤

王安石这个"时人咸谓其贤"其实也不绝对，至少有两个人就曾质疑过他。

一个是苏东坡的父亲苏洵。苏老爷子是个爱干净的人，所以即便王安石再名声在外，他的邋里邋遢苏洵也忍受不了，他还为此专门写了一篇文章来针对王安石，题目叫《辨奸论》。

他认为，作为一个人，勤换衣服勤洗脸是件很正常的事，你穿得破破烂烂，吃着猪狗之食，怎么还好意思在那里谈什么诗书礼乐，博取高尚名声，简直玷污经典。即使你名声在外，那也是装的，骨子里一定是个奸诈之徒，还是危害国家的大奸大恶。当然，这可能有点儿过激了，毕竟人不可貌相，但由此也可以看出，王安石的不讲卫生到了一定地步，甚至让人开始怀疑他的人品了。

对于这种人身攻击，王安石是见惯不怪了，他也懒得计较。但是，对于另外一位质疑他的人，王安石就没办法那么从容了，这个人是宋朝第四任皇帝宋仁宗。

宋仁宗当了42年皇帝，在宋朝皇帝中是在位最久的。他沿用先祖重文轻武、偃武修文的基本国策，从而使帝国的文化之树根深叶茂，并结下了硕大的果实。宋仁宗曾经很欣赏王安石，好几次都想升他的官，但都被王安石谢绝了。王安石不图名利？大家都这样认为，这也是使王安石名声极盛的重要原因。这一切背后的真相，我们终究还是一无所知，不过倒是可以通过一件小事窥得一二。

一次，宋仁宗在皇家宫苑里宴请臣子，并决定做个小游戏。他让大臣们都到御池去钓鱼，然后由御厨把鱼做成他们想吃的菜。这是挺有意思的事，其他官员都拿着鱼饵和鱼钩去钓鱼了，只有王安石在一张台子上发呆，一边沉思一边吃鱼饵，直到把盘子里的鱼饵全部吃光了，并表示自己已经吃饱了。

鱼饵肯定不是给人吃的，但按他粗放的饮食方式，确实是会做出这样的事。宋仁宗觉得这个人简直莫名其妙，先不说你这样做很扫大家的兴，就单说吃完鱼饵就饱了这件事，就透着一股子虚伪，你不想钓鱼就直说，搞这一出给谁看呢？本来这次召王安石进京，宋仁宗可能是想委以重任的，但在没有发生其他不愉

王安石

于熙宁二年（1069年）被宋神宗升为参知政事，次年拜相，主持变法。因守旧派反对，熙宁七年（1074年）罢相。一年后，被神宗再次起用，旋即又罢相，退居江宁。元祐元年（1086年），保守派得势，新法皆废，王安石郁然病逝于钟山，享年66岁。累赠为太傅、舒王，谥号“文”，世称王文公。

苏洵

与其子苏轼、苏辙以文学著称于世，世称“三苏”，均被列入“唐宋八大家”。

宋仁宗坐像

快事情的情况下，王安石却被冷处理了，其起因，可能就跟这次“鱼饵事件”有关。

曾经相互倾慕

当然，一般来说，一个名满天下的奇才，总该有个对手与其匹配，而能与王安石相抗衡的人便是司马光，他比王安石还早四年考中进士，算是位官场的前辈。

考中进士那年，司马光 19 岁，年少有为，多少会带点儿傲气，比如在进士揭榜闻喜宴上，别人都戴花，他就偏不戴，原因是不喜欢华丽。直到有人告诉他，这花是天子赐的，皇帝的面子不能不给，他也只得勉强戴了一支。当然，他狂有狂的资本，因为他是在已经受了恩荫为官的情况下，又凭着自己的实力考出的功名。所谓恩荫，就是父祖为官时，皇上根据官职大小，恩选不同人数的子孙直接做某个级别的官。这样子孙后代就不用辛辛苦苦地科考了，可以直接去单位就职，应该说是件很轻松惬意的事。但司马光偏不，有才气的人总希望能有机会证明自己，科考就是其中一种途径，司马光就是要证明，我不是靠着父祖混饭吃的废物，这也为他赢来了世人的尊重。

这一点，二人算是打平，不过若论成名时间，司马光还是比王安石早了很多，毕竟“司马光砸缸”的典故太过深入人心，在当时就已经被载入各种史料之中，现在已经流传了千年，至今仍被世人津津乐道。

除此之外，司马光在做学问方面也颇有成就。他历时 19 年，撰写完了

轸念流民

王安石新政推行时，有些政策扰害百姓，致民不聊生，流民遍地。宋神宗知晓利害后，遂将不利民之政策罢革。

改容听讲

宋仁宗初年，宰相王曾以帝新即位，当亲近师儒之官，读书勤学，以涵养圣德，乃清临御崇政殿西阁，召侍讲学士孙奭、直学士冯元进讲《论语》。

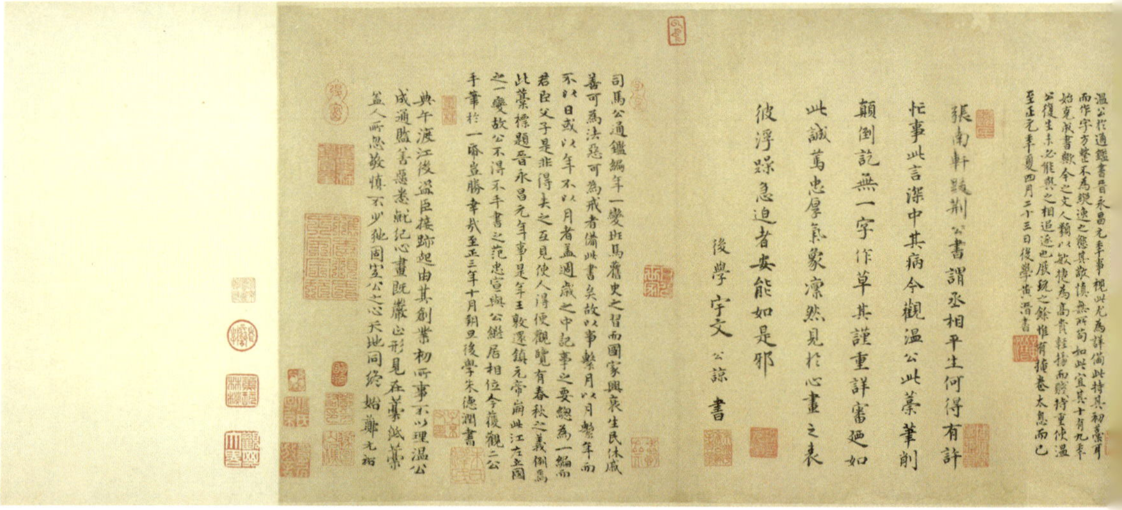

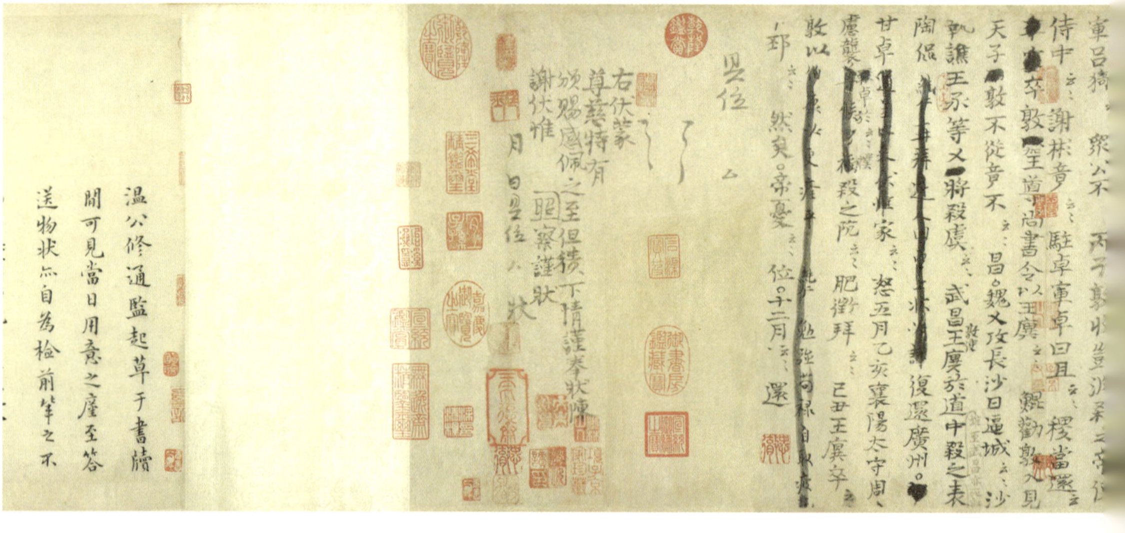

资治通鉴

《资治通鉴》是由司马光主编的一部编年体通史巨著，共 294 卷，历时 19 年完成。该书以时间为纲、事件为目，记录了春秋战国至宋朝建立共 1362 年历史发展的轨迹。宋神宗认为此书“鉴于往事，有资于治道”，所以定名为《资治通鉴》。

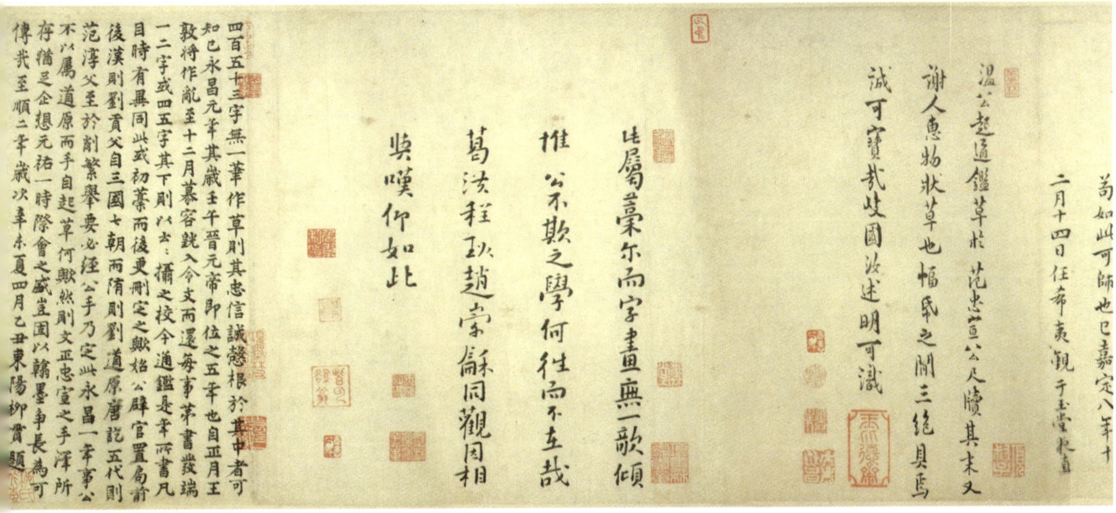

蓋如此可師也已嘉定八年十
二月十四日任希夷觀于玉堂東直

溫公起通鑑草於范忠宣公尺牘其末又
謝人惠物狀草也幅紙之間三絕具焉
誠可寶哉趙國汝述明可識

吐屬稾尔而字畫無一敧傾
推公不欺之學何往而不在哉
葛法程孫趙崇龢同觀因相
與嘆仰如此

四百五十三字無一筆作草則其忠信誠慤根於中者可
知已永昌元年其歲壬午晉元帝即位之五年也自正月王
敦將作亂至十二月慕容廆入令支而還每事節書發端
一二字或四五字其下則以云云攝之校今通鑑是年所書凡
目時有異同此或初稾而後更刪定之歟始公辟官置局前
後漢則劉貢父自三國七朝而隋則劉道原唐訖五代則
范淳父至於削繁舉要必經公手乃定此永昌一年事公
不以屬道原而手自起草何歟然則文正忠宣之手澤所
存猶足企想元祐一時際會之盛豈同以翰墨爭長為可
傳哉至順二年歲次辛未夏四月乙丑東陽柳貫題

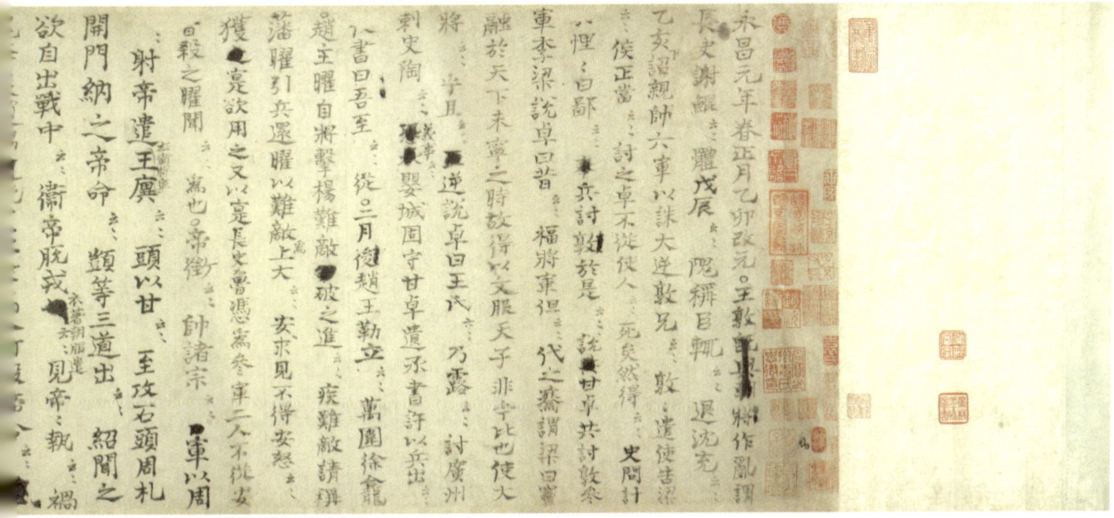

永昌元年春正月乙卯改元。王敦[illegible]將作亂謂
長史謝鯤云云。鯤戊辰 隗稱目輒 退沈充云云
乙亥詔親帥六軍以誅大逆敦兄云云 敦云云遣使告梁
云云 侯正當云云討之卓不從使人云云 死矣然得云云 史閔討
以悝云云白鄙云云 舉兵討敦於是云云 說甘卓共討敦參
軍李梁說卓曰昔云云 福將軍但云云 代之齋謂梁曰竇
融於天下未定之時故得以文服天子非今比也使大
將云云 孝且 遊說卓曰王氏云云 乃露云云 討廣州
刺史陶云云 襄城太守甘卓遣承書許以兵出云云
公書曰吾至云云 從之二月從趙王勒立云云 萬園徐龕
趙主曜自將擊楊難敵 破之進云云 疾難敵請稱
藩曜引兵還曜以難敵上大 求見不得安怒云云
獲[illegible]寔欲用之又以寔長史魯憑為參軍二人不從安
曰殺之曜聞云云 為也帝微云云 帥諸宗云云 軍以周
云云 射帝遣王廙云云 頭以甘云云 王攻石頭周札
開門納之帝命云云 顗等三道出云云 紹聞之
欲自出戰中云云 衛帝脫戎衣云云 見帝云云 執云云 禍

司马光

宋神宗时，司马光反对王安石变法，离开朝廷十五年，主持编纂了编年体通史《资治通鉴》。

《资治通鉴》，手稿整整放满了两个房间，堪称皇皇巨著，其历史地位，唯有《史记》才可与其比肩。

司马光和王安石曾经共事过一段时间，对王安石的性格也有着一些了解。当时他们在大名鼎鼎的包拯手下担任群牧司判官，包拯当时的职位则是群牧使。有一次，衙门里的牡丹开得正好，包大人便设宴赏花，司马光不喜饮酒，但为了礼貌，还是少喝了一点；王安石也不喜欢喝酒，无论包大人怎么劝，他就是滴酒不沾。结合“鱼饵”事件来看，王安石最喜欢的可能是扫别人的兴，管你是谁呢，不喜欢就是不喜欢，谁的面子都不给。

二人的关系其实很微妙，在王安石看来，自己与君实（司马光的字）一起待的时间很长，相处得十分不错，只是对事物的看法和处理问题的方法略有不同。司马光则不这样认为，他觉得王安石对他很是凉薄，他顾及同僚之情，也不好意思多说些什么。不过，二人最终还是决裂了，而且到了形同水火、势不两立的程度，酿成了之后的悲剧。

积贫积弱的朝代

北宋是一个承上启下的朝代，也是一个“积贫积弱”的朝代。

“积贫”，是指国家薄弱的财政力量。宋神宗以前，财政“年年亏短”，“支诸宿藏”。他即位后，“百年之积，惟存空簿”，财政走上了一条更加艰难的道路。

“积弱”，是指国家弱小的军事力量。宋朝的军队无法抵抗来自西夏和辽、金的侵扰，难以保障国家和人民的安全。

北宋建国后，边境地区战争不断，仅与契丹就发生了大小 80 余次战役。虽然投入了大量的财力和人力，但腐败的政治和软弱的军队却无法保证战役的胜利。北宋不得不与辽签订了不平等的“澶渊之盟”，又与西夏达成和谈，每年上贡大量的金银丝绸，以换来一时的苟安。

之所以形成“积贫积弱”的局面，主要有三点原因：

一是解除了众多军事将领的权力，封为高官而使之归于田园；

二是为了得到后周遗老遗少的支持，把大批旧官僚接受包揽下来；

三是通过科举取士、恩荫授官、卖官鬻爵等途径增加大批新官吏，以达到官府之间相互制约强化皇权的目的。官员人数逐年上涨，从宋真宗时的 9785 人扩充到宋仁宗时的 17300 人，涨了近一倍，地方胥吏更是增加了 3 倍。清代史学家赵翼感叹“自古滥官，未有如此之多”。在增加官吏的同时，北宋统治者还认为扩大军队可以给无业游民找点事干，降低他们造反的概率。于是，军队的人数也涨了起来，宋太祖时有 38 万人，到了宋仁宗时就达到了 125.9 万人，增长了 2 倍有余。

官多了兵多了，就要投入经费去养，于是大量的经费就消耗在了这上面，称之为“冗费”。冗吏耗于上，冗兵耗于下。北宋的“三冗三费”成为国家肌体上的不治之症。于是，为了摆脱危机，国家不断加重农民赋税，结果就导致了农民造反。1069 年，宋神宗任命王安石为参知政事，后改任为同中书门下平章事。王安石不负所望，毫不犹豫地登上了这个祸福难测的是非之位，开始实施涵盖五个大的方面的一系列改革措施。

其中，理财方面共七项政策，按颁布顺序分别为均输法、青苗法、农田水利法、免役法、市易法、免行法、方田均税法。强兵方面共四项，为保甲

北宋　张择端　清明上河图

《清明上河图》描绘了北宋时期都城东京汴梁（今河南开封）的状况，主要是汴梁以及汴河两岸的自然风光和繁荣景象，细致地记录了中国 12 世纪世俗生活的面貌，生动地再现了北宋汴京承平时期的繁荣景象。

法、保马法、军器监法、将兵法。育才方面共三项，为科举新法、三舍法与《三经新义》。新法涉及政治、经济、军事、文化、教育诸多方面，但其重点是富国强兵。从变法的侧重面来看，富国明显重于强兵，而理财便是富国的根本手段。

好经终于被念坏了

王安石的变法很快起效了，国家的收入得以增加，“积贫积弱”的局面也得到了缓解。1073 年，在王安石指挥下，宋熙河路经略安抚使王韶率军进攻吐蕃，一举收复河、岷等五州，拓地两千余里，受抚羌族三十万帐，建立了进攻西夏的有利战线。

当然，有利也有弊，新法的实行虽然大大增加了国家的财政收入和耕地面积，却使得平民的负担更重了。在军事改革上，王安石缺乏一个统一的规划，只针对当时情况进行调整，实际上军队的战力并没得到比较好的提高。另外，这也跟王安石自身性格有关，执拗且急躁的他，想要在短短数年就将十余项改革措施全部落实。要知道社会的演进和法律的实施都是需要一个过程的，这样一味求快，只会欲速则不达。而且新法虽好，但执行起来却极为艰难，用人不当是一大原因，变法派中的吕惠卿、曾布、李定和蔡京等，都是人品具有争议的人物，有的更被视为小人。

新法实施到了后期，执行效果与条文相差越来越大，一些措施从利民变成扰民，也使得新法渐渐失去了民心。

其实，王安石变法的愿望是好的，但如上所说，执行方面出了很大的问题，最终导致了变法的失败。比如青苗法，他在鄞县做官时曾试验过，效果还是很不错的。所谓青苗法是指国家向农民、手工业者发放贷款，这种利率不会太高，让百姓能够承担，而国家也能够增加财政收入，本是一举两得的事。但是，有一方势力王安石却没有考虑到，那就是地方财阀的力量。此举断绝民间高利贷，断了财阀的财路，导致青苗法在全国推广施行时，遭受到了重重阻力。

不识字的乡农们按青苗法去申请贷款时，要经过以下程序：填写申请书，拿到衙门申请，每一个环节都不知要花多少钱打点。花钱请书吏写申请书，算是正常开销了，到了衙门才是无底洞，遇到清官还好，但凡遇到贪点儿的，你就尽量花钱打点去吧。申请弄完了，贷款多少也是由官吏来写，写多写少凭心情和银子，反正你不识字嘛，那就活该被剥削。至于那相对较低的利率，也没有，规矩是死的，人是活的嘛。贪官在此法上发挥聪明才智，层层盘剥，最后把只有二分的利息给翻了35倍，这是贷款吗？这是要命啊！

于是，农民被逼得宁肯“哀求于富家大族，增息而取之”，也不敢向政府贷款，为啥，因为政府的贷款利息比那些“贵族”的高利贷还高。结果，“利民之政”变成了“扰民之举”。即使有再好的政策，也得有人去认真落实——再好的经，也怕遇到的尽是歪嘴和尚。

王安石的变法涉及农业、商业、水利、赋税、基层管理、军事训练、科举教育等多个领域，对于富国是有着一定帮助的，达到了富国的目的，但强兵的效果并不明显。而且，在执行过程中，一些措施加重了人民的负担，也引起了激烈的争议。统治集团内部围绕变法问题，出现严重分裂，进而引发了党争，导致北宋逐渐走向衰亡。

知识链接：变法宣言

“天变不足畏，祖宗不足法，人言不足恤”，是王安石面对保守派的阻挠曾提出的著名口号，这个口号被奉为后世改革家的座右铭，流传千古。

戊戌变法

1898 年 9 月 18 日夜，戊戌变法第 100 天，北京暑气未消，偶尔能听到蝉的哀鸣声。尘土飞扬中，一匹快马疾驰而过。马上之人是维新志士谭嗣同，此行前往法华寺，是要拜会新升任的兵部候补主事袁世凯。法华寺在哪里？谭嗣同为何事非要拜会袁世凯不可？戊戌变法的失败，与谭嗣同夜访法华寺有关系吗？

光绪两召袁世凯

历史上，北京城内外有很多法华寺，最主要的三座分别位于北京的城南、城中、城西北，俗称“南法华寺”“北法华寺”“西北法华寺”。

南法华寺位于天坛公园东北部，现在已经不存在了，只留了法华寺街这个地名。历史上的南法华寺在法华寺街路北，曾香火旺盛，算北京的一座名寺。明天启年重修，清乾隆年重建，颇具规模。北法华寺在今王府井大街北段路东报房胡同，是明朝太监刘通的舍宅。西北法华寺位于今中央民族大学西门，民族学院西路之路北。该寺始建年代不详，清代时规模很大，现在也已经不存在了。谭、袁会面的地点大概是西北法华寺，至于根据，还得从光绪两召袁世凯说起。

1895 年 12 月，袁世凯由军务处大臣荣禄、李鸿章等奏派扩练驻天津小站的定武军，更名“新建陆军”。小站练兵奠定了袁世凯一生事业的基础，是清末新式军队发展的转折点。从此，袁世凯声名鹊起，扶摇直上。1897年，袁世凯擢直隶按察使，仍主持练兵。1898年6月，袁世凯升任工部右侍郎。

1898年9月16日，光绪皇帝在颐和园召见袁世凯，问：“苟付汝以统领军队之任，能矢忠于朕否？”袁世凯回复说：“臣当竭力以答皇上之恩，一息尚存，必思效忱。”这个回答让光绪帝很满意，于是光绪皇帝便于9月17日谕内阁，免去袁世凯的直隶按察使缺，以兵部侍郎候补，仍专办练兵事务，且许以专折奏事之权。当晚，袁世凯与好友徐世昌在法华寺商谈后续对策。

9月17日早上，袁世凯入颐和园谢恩。光绪皇帝又夸他练兵和办学堂颇有成效，以后可与荣禄各办各事了。光绪皇帝赐给他一把龙纹青钢短剑。这天夜晚，徐世昌和袁世凯在法华寺再次彻夜长谈。徐世昌的建议是：“帝虽一国之主，然当国日浅，势力脆弱；后则两朝总持魁柄，廷臣将帅，均其心腹，成败之数，可以预卜。与其助帝而致祸，宁附后而取功名。”看徐世昌的意思，倒是有站边的倾向。不过，这里需要注意的是，徐世昌和袁世凯两人谈毕，已经是9月18日凌晨了。

光绪皇帝召见袁世凯是在颐和园，袁世凯已知光绪皇帝住在颐和园，为了节约路上时间，也为避免路途上劳顿过多，来京投宿之所在，当选西北法华寺。谭嗣同乘马车赴法华寺密晤袁世凯，也可以证明这一点。在清代有一种风尚，那就是官员在城内拜亲访友须乘轿，去城外方乘马车。谭嗣同出城去西北法华寺密晤袁世凯，因路途较远，肯定要将马车作为交通工具。

伊藤来华成诱因

于清廷而言，光绪帝虽然支持变法，改良派也很有热情，但有一个问题不能不注意，中国缺乏改革的先例和成功的经验，这就需要一个变法成功国

载湉

1875年1月被立为皇帝，在位期间历经甲午战争失败，后极力支持维新派变法以图强，实行『戊戌变法』，但却受到保守派的反对，被慈禧太后幽禁在中南海瀛台。

家的人来帮忙，正巧，已卸任日本首相的伊藤博文以私人身份访华。

1898年9月14日，伊藤博文抵达北京。此消息令维新派极为振奋，四处奔走高喊："中国转贫为富，转弱为强，转危为安之机实系此乎。"大小官员也纷纷上书，奏请让伊藤博文留在北京，待以客卿之礼，聘为变法顾问，辅助新政。贵州举人傅夔甚至提出封伊藤博文为相。光绪皇帝采纳了维新派的建议，决定召见伊藤博文。

袁世凯

早年发迹于朝鲜，清末新政期间积极推动近代化改革，辛亥革命期间逼清帝溥仪退位，推翻清朝，成为中华民国临时大总统。1915年12月，自称皇帝，改国号为中华帝国，建元洪宪。此举遭各方反对并引发护国运动，使其在做了83天皇帝之后宣布取消帝制。

9月18日下午，已经被慈禧太后勒令离开北京的康有为到日本使馆拜访伊藤博文，态度极其尊敬，执门生礼。这天晚上，李鸿章姻亲御史杨崇伊密奏慈禧太后，请即日"训政"。杨崇伊的奏折主要涉及四个人：第一个是文廷式，其罪名是建议甲午用兵，以致割地偿款，并与康有为、孙文相勾结；第二个是康有为，其罪名是组织强学会、大同学会，在京讲学，变更成法，并与文廷式、孙文相勾结；第三个是孙文，其罪名是与文廷式、康有为相勾结；第四个就是伊藤博文，"风闻东洋故相伊藤博文即日到京，将专政柄。臣虽得自传闻，然近来传闻之言，其应如响。伊藤果用，则祖宗所传天下，不啻拱手让人"。

慈禧太后所怕的不是维新派，而是他们与外国势力结合起来的这个结果。日本的"明治维新"便是很直观的例子，虽然国家富强了，但是贵族的利益却被触动了。中国如果效仿日本，怕是她的地位和权力也要受到威胁，这可是她的底线，是绝对不容触碰的。这份奏折使慈禧太后受到了极大的触动与刺激，于是她当日下令立即停止变法，回宫训政。由此可见，9 月 18 日晚上是慈禧太后发动戊戌政变开始的时间，而伊藤博文来中国访问则是政变的导火索。

就在慈禧太后已决定发动戊戌政变的同时，9 月 18 日夜，维新志士谭嗣同前往法华寺，拜会新任兵部候补主事袁世凯。此行为何而来呢?

康有为围园杀后

康有为已经明白，改革的败势无法挽回，于是他做出了一个大胆的决定：围园杀后。具体计划分两步——第一，派兵包围颐和园；第二，派 100 多名死士进入颐和园逼宫，如若不就，立刻将慈禧太后就地正法。

计划听起来倒是简单明了，但执行起来却要复杂得多。想要围园杀后，就必须得有军队的支持，于是，康有为想到了袁世凯。这其中有两点原因：第一，此前，袁世凯的立场一直是倾向维新改革的；第二，袁世凯有着雄厚的实力，天津小站的新军完全听命于他，而且他的军队战斗力很强。在康有为看来，只要袁世凯肯调动军队，一定可以杀了慈禧太后。

康有为觉得袁世凯这边已经安排停当后，就开始安排第二步计划。湖南好汉毕永年前几日已经到达京城，康有为让他事先潜伏在袁世凯军中，等到袁世凯的军队包围颐和园后，组成 100 多人的死士冲进颐和园逼宫。毕永年心思较为缜密，对袁世凯心存怀疑，所以起初并不愿意去执行刺杀任务，经过康有为的弟弟康广仁的不断劝说，他才接受了刺杀计划，不过他提出，应该先派人打探一下袁世凯的真实想法，于是就有了谭嗣同夜探法华寺。

谭嗣同夜探法华寺

9 月 18 日夜，谭嗣同到达法华寺，不等门人通报，便径直来到袁世凯

慈禧（1835—1908年）

出生于北京，咸丰帝妃嫔，同治帝生母，晚清实际统治者。

慈禧扮观音图

的住处，袁当时正在写 9 月 20 日见皇上的奏折。二人之前曾谋过面，但并未深交，他见谭匆匆而来，想必是有要事相商，于是屏退左右，双方开始密谈。

关于那段历史，似乎有一个言之凿凿的说法：谭嗣同密访袁世凯，要求袁世凯效忠光绪，在阅兵时趁机杀荣禄，然后率兵入京，包围颐和园，再逼迫慈禧交出权力。袁世凯假意应允，但又推说要待慈禧去天津阅兵时再动手，以之为拖延之计。后袁世凯回天津向荣禄告密，荣禄连夜进京向慈禧报告，因此才有了戊戌政变，六君子被杀。

只是，谭嗣同真的会向袁世凯提出这样的要求吗？这却未必。虽然谭嗣同属于维新派，但他出生在封建官僚家庭，本人忠君思想根深蒂固。他所认为的维新，并不是要废皇权，而是在维护皇权的基础上制造些许变法。杀荣禄、逼慈禧太后退位的做法太过激进，在当时已属“大逆不道”的行为，谭嗣同不太可能提出这样的要求。

况且这个要求也过于愚蠢，首先是人数上，袁世凯所练新军仅 7000 人，而且驻扎在天津小站，受荣禄辖制，而荣禄所指挥的军队，防守在天津重镇，人数更是多达几万人，即便谭嗣同提出这样的请求，袁世凯也得好好估量一下能有几分胜算。就是退一步说，他真能在天津杀了荣禄，天津到北京之间可也部署着重兵防线呢，袁世凯又怎么可能继续在几万军队的截击下杀到北京，包围颐和园呢？

另外，袁世凯当时身在北京，如果他真打算出卖维新派，完全可以直接向清朝重臣李鸿章告密，也可以向庆亲王奕劻告密，甚至还可以直接到颐和园向慈禧太后告密，何必舍近求远跑到天津去找荣禄？当时，袁世凯已被皇帝特许与荣禄“各办各事”了，如果袁世凯直接在北京向朝廷告发，岂不更受慈禧信任？

康有为

于光绪十四年（1888 年），第一次上书光绪帝请求变法，受阻未上达。光绪二十四年（1898 年）开始进行戊戌变法，变法失败后逃往日本，组织保皇会，谋划溥仪复位。民国六年（1917 年），康有为和张勋发动复辟，拥立溥仪登基，不久即在段祺瑞的讨伐下宣告失败。

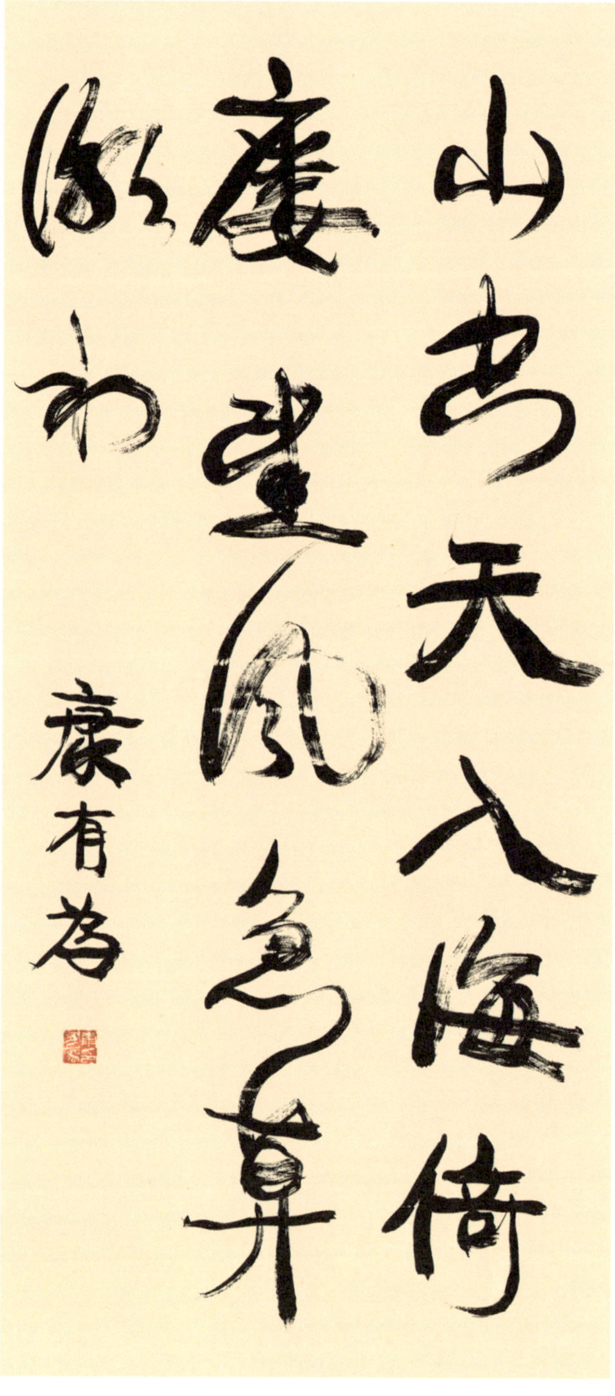

▶ 康有为书法

慈禧回銮后政变

9月19日，撤帘后在颐和园居住的慈禧，破例回到了西苑，至于个中原因，当然是对光绪皇帝及其身边的康有为不放心。9月20日晚，慈禧太后自颐和园回宫，发动政变。同日，袁世凯回津拜见荣禄，“略说内情”。9月21日一早，荣禄主动来见袁世凯，袁世凯将谭嗣同所述康有为的“围园”密谋和盘托出。

当时，袁世凯对北京发生的情况还一无所知，训政后的慈禧太后首先做的事，就是对康有为、康广仁兄弟展开抓捕，但其中并没有谭嗣同，因为慈禧还不知道“围园”密谋。直到杨崇伊到了天津，从荣禄处得知袁世凯的“告密”内容，慈禧太后才立即下令抓捕谭嗣同等人，而且宣布抓了之后，不用审判，马上砍脑袋。

康有为、梁启超所领导的戊戌变法运动虽然失败了，却推动了中国民族资本主义的发展和新思想的传播，在一定程度上冲击了旧式官僚体制。变法失败的原因是守旧势力仍很强大，维新派却缺乏可靠的社会基础，没有严密的组织，又把希望寄托在并未完全掌握实权的皇帝身上，导致这场运动未能实现预期的目标。

海防新堡

第三章　著名战争

汉击匈奴漠北之战

公元前200年，汉高祖刘邦亲率32万大军与匈奴作战。匈奴拥有机动性极高的骑兵，使得汉军吃了不少亏，无可奈何的刘邦也只能以和亲加赠礼的方式，暂求一时和平。按照双方约定，汉朝每年要向匈奴输送大量黄金、丝绸、粮食，而匈奴方面则要确保不再南下掠夺。

当然，其中是一个取舍的问题，从表面上来看，汉朝显得很屈辱，但和庞大的战争军费比起来，每年给匈奴进贡的财物费用简直就是九牛一毛，匈奴贵族集团还会因为满足于这些不劳而获的物品，从而滋生腐败，变得虚弱。

这种和亲政策维持了60多年，匈奴人大部分时间还是比较遵守约定的，但小规模的劫掠还是有，而且不少。直到汉武帝在位时期，汉朝已经发展成为非常强大的王朝，与之相对，匈奴的实力却大不如前，终于是时候算总账了。公元前133年，汉武帝对匈奴发起反击战，想要彻底解决匈奴的问题。这次战役的结果如何呢？

马邑之谋

在作战前，汉武帝已经有了一个“零风险”的作战方案，那便是“诱敌入边，聚而歼之”。也就是把匈奴的军队引诱到汉朝边界，然后加以围歼。

促成这个作战方案的主要有两个人，一个是主战派的代表人物大行（负责外交接待的官员）王恢，另一个是雁门郡马邑县的富商聂壹。聂壹告诉王恢：因为他经常在边界做买卖，所以匈奴人都认识他。他可以以做买卖的理由，假装把马邑献给匈奴单于。单于贪图马邑的货物，一定会来。汉军埋伏在附近地方，只要匈奴单于一到马邑，汉军就可以截断他们的后路，活捉匈奴单于。王恢把聂壹的主意奏报给汉武帝，汉武帝便采纳了王恢的建议，预备设计伏击匈奴。

公元前 133 年夏，汉武帝命护军将军韩安国、骁骑将军李广、轻车将军公孙贺率主力在马邑附近的山谷中埋伏。将屯将军王恢与材官将军李息率三万多人出代郡，准备从侧翼袭击匈奴的辎重并断其退路，一举歼灭匈奴主力。汉武帝同时派遣商人聂壹前往匈奴诱敌。上当后的匈奴军臣单于，亲率十万大军进军马邑。然而，当大军来到距马邑百余里的地方时，发现沿途虽然有牲畜，

清人绘　汉高祖真像

汉武帝

16 岁即位，政治上，颁行推恩令，加强君主专制与中央集权。经济上，推行平准、均输、算缗、告缗，抑制商贾。文化上，罢黜百家，独尊儒术，设立太学。但他崇信方术，兼以穷兵黩武，晚年暴发巫蛊之祸。

却无人放牧，这引起了军臣单于的怀疑。匈奴在此时攻下一边防小亭，俘获了雁门尉史，在威胁之下，他说出了汉军的全部计划。军臣单于听后大惊，下令立即撤军。马邑之谋虽然没有成功，却成了汉匈关系的转折点。

河南战役

今内蒙古自治区鄂尔多斯市一带，夹在贺兰山、阴山和鄂尔多斯高原之间，有一块断陷冲积平原，在秦汉时期被称为“河南地”。黄河贯穿整个平原，航运便利，水利资源十分丰富。地势开阔平坦，土壤肥沃，水草丰盛，开发利用早，是中原农业民族和北方游牧民族共同向往的沃土。作为蒙古高原与陕甘黄土高原的分界区域，河南地不仅拥有巨大的经济优势，而且在军事上具有重大的战略意义。从战国末至西汉初，中原王朝的统治者和北方的匈奴统治者，曾在这里展开过反复争夺，最终匈奴趁秦末中原战乱之机，占据了河南地。

匈奴王金冠

匈奴带钩

就是现在的皮带扣。带钩上描绘了两只狼吃牛的情景，表明了匈奴尚武和征服的野心。

对西汉王朝来说，如果能重新夺回河南地，不仅可以加强对长安的防御，还能够加剧匈奴的资源短缺困境，对于冲击匈奴的势力也有很大的帮助。

公元前 127 年，卫青奉汉武帝之命去收复河南地。对此次战役，卫青采用了大迂回战术，从云中出发到高阙，再到陇西，直插入匈奴楼烦王和白羊王无所准备的后方。楼烦王和白羊王万没料到卫青会做出如此冒险的举动，结果便是大败溃逃。而卫青所部得牲畜百余万后，“全甲兵而还”。

“以战养战”的风格，短时间内保证了汉朝资源的富足。战后，汉武帝在河南地修筑了朔方城。随后，卫青再次采取大迂回战术，出高阙北击右贤王，右贤王根本来不及抵抗，因而大败。

卫青

卫青于元光六年（公元前 129 年）首次出征奇袭龙城，揭开汉匈战争反败为胜的序幕。曾七战七捷，收复河朔、河套地区，击破单于，为北部疆域的开拓做出重大贡献。

河南地的收复，使汉朝的北部边防线往北推移至黄河沿岸，为长安增添了一道屏障，在很大程度上解除了匈奴对关中地区的直接威胁。这不仅促进了京都地区的繁荣与发展，也加强了西汉王朝在全国的统治。

第一次河西之战

河西地区指今甘肃的武威、张掖、酒泉、敦煌一代，因位于黄河西部，自古便被称为河西，也称河西走廊，是中原地区通往西域的咽喉要道。河西地区原来是大月氏部族的领地，后来大月氏被匈奴冒顿单于打败，被迫西迁，这片土地也就被匈奴占有了。

为消灭匈奴在河西的势力，汉武帝派张骞出使西域，欲联络大月氏，夹攻匈奴。西行途中，张骞被匈奴俘获，他保留汉节，被匈奴羁押十年，终于

霍去病

霍去病用兵灵活，不拘古法，17岁封『冠军侯』，19岁指挥两次河西之战，歼灭和招降河西匈奴近十万人。公元前117年病逝，年仅24岁，被葬于茂陵，尊上谥为景桓侯。

率众逃脱。但当张骞历经千辛万苦终于找到大月氏时，大月氏却因为新居之处肥沃安全，又与西汉距离遥远，不肯东返打击匈奴，汉武帝的希望最终落空。

河南地战役以后，右贤王失去对河西诸王的控制，单于远徙漠北。这样在大漠以南对西汉威胁最大的就是河西匈奴军，于是汉武帝将下一个打击目标指向了河西。

这次出征的是骠骑将军霍去病，他在公元前 121 年春，独自率领一万骑兵，从陇西郡出发，六天转战千余里，攻下匈奴五王国，河西诸小王在他摧枯拉朽的攻势下纷纷溃败。霍去病穿插分割并包围这些部落后，很轻易地就让他们投降，还差点抓到了单于的儿子。

接着，汉军又长途奔袭，越过了位于甘肃省山丹县东南的焉支山，在张掖附近的皋兰山与匈奴主力展开决战。彪悍的汉军骑兵在深入敌境孤立无援的情况下，与匈奴短兵相接，斩杀了匈奴折兰王、卢侯王。浑邪王败走，浑邪王之子及其相国、都尉被俘虏，连休屠部祭天的金人都被汉军缴获。

第二次河西之战

公元前 121 年夏，汉武帝派骠骑将军霍去病和合骑侯公孙敖，率领数万骑兵从北地出塞，卫尉张骞与郎中令李广从右北平出塞，两军遥相呼应，分道向北挺进。这便是第二次河西之战。

匈奴左贤王率部在代郡和雁门郡抢掠一番后，连忙撤退，李广和张骞便从东路进军，目的就是追歼他的部队。李广领四千骑兵为开路先锋，张骞则率万余人马作为后援，只是二人安排不当，致使两军之间相距了数百里的路程，李广的冒进，让他陷入了很危险的境地。

左贤王很快捕捉到了这一消息，集合起全部的四万人马，埋伏在李广前进的路上。只顾一路向前的李广，一头便扎入了左贤王的包围圈，幸而张骞部队及时赶到，才解了危机。左贤王只得下令撤退，但汉军也无力继续追歼，只得返回朝廷。

而从陇西出塞的霍去病和公孙敖军，也出现了这样的情况，霍去病一路突进了匈奴境地两千余里，也很快和公孙敖失去了联系，而且是长久地失去了联系。但霍去病是个狠人，没有步李广的后尘，在这样艰难的情况下，他仍毅然决定，向前挺进！即便是孤狼，那也是一头狼。这支凶狠的军队跨越居延海，兵锋直抵祁连山下，一路追击，共斩杀和俘虏匈奴三万余人，其中有五个匈奴王，以及王母、王妻和王子共 59 人，相国、将军、当户、都尉共 63 人，给匈奴方面造成了很严重的损失。

此后，河西再无匈奴，汉朝的边境更加安定，汉朝和西域的联系也得到了加强。汉武帝又设立“河西四郡”，得到了匈奴人曾作为马场的祁连山，这片马场也为后来的战役提供了良马。汉武帝加封霍去病食邑五千户，特地为霍去病盖了一座豪华气派的大宅院，让他去看看，但霍去病却推辞说：“匈奴未灭，何以家为？”让汉武帝不禁肃然起敬。

漠北之战

公元前 119 年，汉武帝利用匈奴轻敌的心理，派卫青走定襄，霍去病走代郡，各率领五万骑兵向漠北进发。

卫青率部将穿过沙漠，在准备与匈奴决战的头天晚上，抓获了一个匈奴人，从他的口中得知单于并没有东去，而就在自己大军的正前方。卫青很高兴，立即重新部署了军队。

第一，他让前将军李广与右将军赵食其一起走东路；第二，把随从自己的中将军公孙敖调为前将军；第三，卫青率领部队穿过大沙漠与匈奴单于的部队作战。卫青下令让部下把战车摆成环阵，以防御匈奴强悍骑兵的冲击。随后，卫青派五千骑兵去攻击匈奴军的侧翼，而匈奴单于则派了一万骑兵予以迎击。双方激战到黄昏时，沙尘暴突起，士兵们互相很难看清楚。

胡笳十八拍文姬归汉图（局部）

汉末大乱，烽火连年，蔡文姬在逃难中被匈奴所掳，流落塞外，后来与左贤王结成夫妻，生了两个儿女。曹操平定了中原，与匈奴修好，派使节用重金赎回蔡文姬，于是她写下了著名长诗《胡笳十八拍》，叙述了自己一生不幸的遭遇。

胡笳十八拍文姬归汉图（局部）

知识链接：张骞出使西域

汉武帝招募使者出使大月氏，希望联合大月氏夹击匈奴。建元三年（公元前 138 年），张骞应募。他从长安出发，但在经过匈奴时被俘，被羁押了十年才得以逃脱。归途中，张骞又被匈奴关了一年多。等到终于回到了汉朝，张骞向汉武帝报告了西域的详细情况。此后，中原的文明通过“丝绸之路”得到了广泛传播，汉族与少数民族之间的文化交往也越来越频繁。

卫青抓住这关键时机，下令军队从左、右两侧包抄上去。匈奴单于感到汉军人数众多，怕对自己不利，于是带着几百名精锐骑兵突围逃跑。后来，汉军与匈奴大军展开决战，双方都付出了相当程度的伤亡。而卫青直到俘虏了一位匈奴人，才得知匈奴单于已经逃跑的消息。随即率军乘胜追击，一直到天亮追了二百里地，也没有追到匈奴单于。于是卫青率军返回。此战卫青大军一共斩杀匈奴近两万人。

而向北行了两千里地的霍去病，则与匈奴左贤王的军队相遇，双方展开激战。汉军大破左贤王军，斩杀匈奴大将、三王和七万多匈奴军，俘虏将军、相国、都尉等 83 人，此一役，匈奴几乎全军覆没，左贤王被迫带着亲信弃军向北奔逃。霍去病乘胜追杀至狼居胥山，在狼居胥山举行祭天封礼，一直打到瀚海，方才回兵，史称“封狼居胥”。

此后，匈奴的各个王不敢再在大漠以南建立王庭。这就是所谓的“漠南无王庭”。

汉武帝任用卫青、霍去病为将，通过几次较大规模的战争，夺取了阴山以南和河西走廊的大片区域。之后，汉朝在河西走廊设立酒泉、武威、张掖、敦煌四郡。为配合对匈奴的战争，汉武帝遣张骞两次出使西域，开辟了中西交往的重要通道，大大促进了西域与中原的政治、经济、文化联系。中国的丝织品沿着这条道路传向中亚、西亚、欧洲和北非，这就是著名的“丝绸之路”。经过汉武帝的经营，大一统国家得以巩固加强。

官渡之战

东汉末年，诸侯并起，相互征伐攻讨，将海内搅得混乱不堪。很多军阀都有开疆拓土的志向，谁最有希望统一天下呢？不是曹操，而是袁绍，他曾担任讨伐董卓的盟主，深受士族拥戴。袁绍为何能担当此任，并成为曹操的大敌？又是因为什么，他败于官渡，功亏一篑呢？

袁曹二人：讨董盟主和小跟班

袁绍拥有极其高贵的出身，他的祖上连续四代人位至“三公”（太尉、司徒、司空）。尽管权倾天下，但袁绍的家族五代人却一直秉持公正、廉洁、礼贤下士的家风，在整个东汉朝廷都享有盛名。

虽然出身贵族，袁绍的命运却比较坎坷。他刚出生不久，父亲便过世，袁绍便被过继给了没有子嗣的伯父袁成。袁绍长相英武，颇受父亲和叔伯的喜爱，但其母却是地位低下的姬妾。在封建宗法制下，庶出的袁绍，没有家族地位，很难继承家业，在人前也抬不起头来。

正因如此，袁绍身上没什么傲气，常与官僚士大夫、同辈交好，身边聚集了不少能人，其中也包括年少的曹操。曹操出生在大宦官家庭，与朝臣本是水火不容的关系，但曹操敬重袁绍的为人，把袁绍当成兄长和名士来看待。

那么，袁绍又如何成为讨伐董卓的盟主呢？

凭借家族势力，袁绍“年少为郎”（做官），不到20岁已出任“濮阳长”，并获得了“清正能干”的名声。黄巾起义爆发后，袁绍投靠了坚决反对宦官专权的大将军何进。汉灵帝死后，何进的外甥刘辩登基称帝，于是何进等士大夫的实力得到了极大增强，宦官集团的势力则在没了汉灵帝后迅速衰弱。大将军何进手握兵权，手下又有袁绍、袁术、曹操这样的军队高级将领，反对宦官的文臣更是坚定地站在了他的一方。眼看反宦官势力大振，何进和袁绍等人决定一次性解决宦官集团，但是，何进的妹妹何太后却反对这么做。

就在何进犹豫不决的时候，袁绍提议：调集四方猛将，兵进京师，好好“劝劝”太后，也就是所谓的“兵谏”。不过这个意见并没能执行，因为何进在调集兵将前，就被宦官集团骗入洛阳皇宫杀害了。面对如此变故，袁绍迅速稳定了心神，当即领兵攻进皇宫，一连斩杀了两千多名宦官，将长期危害朝廷的宦官集团剿灭一空，扭转了整个东汉文官集团的危机局面，使得朝廷得以稳定。

然而在此时，早已虎视眈眈的董卓，也带着自己作战经验丰富的凉州军团趁乱混进了京师，并很快把持了朝政。袁绍不愿与其同流合污，于是逃出了京师，来到冀州，在当地举起了反董的大旗，随后，整个袁氏家族都被董卓诛杀。时人观之，袁绍家族乃五世忠义，诛宦官、战军阀，最后却落了个被灭门的下场，不能不让人唏嘘。因此，袁绍在各路军队中得到了极高的尊重，在各路诸侯讨董卓的过程中被推为“盟主”。

矛盾初起：曹迎献帝，袁并四州

那袁绍和曹操的矛盾又因何而起呢？

袁绍虽为讨董盟主，但联盟却是个松散的组织，将领们不想听指挥，也不是很想和董卓决一死战。董卓将皇帝、大臣和众百姓赶到了长安，然后一把火烧了洛阳城，自己也跑了。董卓一走，没了目标的联盟很快就分崩离析，互相之间打了起来。

袁绍从冀州起家，后来又攻下了幽州、并州、青州。随着四州之地的统一，他与曹操的矛盾也慢慢加深。

与袁绍相比，曹操在战略、战术素养方面都明显更强一些。早在曹操迎奉汉献帝之前，袁绍的谋士就曾提议，让袁绍迎接汉献帝以控制天下诸侯，但袁绍却觉得这样太麻烦，白白失去了个机会；并且，袁绍在攻下河北等地后，分封了自己的几个儿子，这也导致了他死之后几个儿子互相残杀的局面。

曹操则很好地抓住了这个时机，迎奉了汉献帝。通过这一举动，他得到了黄河以南的大片土地，关中地区的人民也纷纷归附。

更重要的是，曹操自此有了匡扶汉室的英雄的身份，敢反对他的便成了不仁不义之徒。从此，曹操便以皇帝的名义开始任命官吏、扩大地盘、讨伐异己、打击政敌。对手由此陷入了极为被动的局面，如果想对抗曹操，首先得面对皇帝，即便打上“清君侧”的旗号，也远不如曹操直接用皇帝的名义下诏来得理直气壮。

衣带诏后，曹操东征

曹操在迎接汉献帝至许以后，袁绍曾逼迫曹操把献帝送到鄄城去，曹操当然是不会听的，但袁绍当时忙着剿匪，也顾不过来。后来，袁绍趁曹操局面不稳，先后与宛城张绣、河内张杨联络，想借此威胁曹操，但这两人也很快被曹操打败了。击败张杨后，曹操的部下甚至一度挺进青州，威胁到了袁绍的地盘。

这时曹操的身边有两个不得不提的人物：一个是当时官拜豫州牧、左将军的刘备；一个是大汉皇室外戚，汉灵帝母亲董太后的侄子，汉献帝嫔妃董贵人的父亲，卫将军董承。董承在曹操掌权不久后，找到了刘备，自称持有

颐和园长廊彩绘：孟德献刀

为了除掉祸国殃民的董卓，王允和曹操定下刺董之计。曹操手持七星刀刺杀董卓，不料却被发现，曹操随机应变，以献刀为名瞒了过去。

皇帝诛杀曹操的衣带诏，邀他入伙。刘备起初未敢加入，但后来与曹操“煮酒论英雄”时，曹操说“天下英雄，唯有你我二人”，使得刘备大惊，知道以曹操的性格，日后定难容自己，于是接受了董承等人的计划。

200 年春，衣带诏事发，董承被曹操诛杀了三族，连董贵人以及董贵人给汉献帝生下的两个孩子，也都被杀死。随后，曹操发兵，讨伐割据徐州的刘备。

白马解围，火烧乌巢

刘备的势力并不强，袁绍才是此时需要面对的大敌。在之前，曹操就已屯兵在黄河南岸，以防备袁绍南下。在曹操派去征讨刘备的刘岱、王忠告败

后，帐下的众谋士便提出先对抗袁绍的提议。但郭嘉却认为，袁绍为人多虑寡断，必然不会迅速出兵，而刘备目前还没有聚拢人心，应该一举击破。曹操听从了郭嘉的建议，果然顺势打败了刘备，俘获了刘备的两位夫人和儿子，还在下邳获得了“万人敌”关羽。而刘备则向北投靠了袁绍。之后，袁曹之间真正的对峙也开始了。

此前的199年夏，袁绍挑选了精兵十万、战马万匹，企图南下进攻许。

消息传到许后，曹操部下大多觉得袁军过于强大，难以战胜。不过，曹操还是了解袁绍的，他认为袁绍志大才疏，胆略不足，刻薄寡恩，人虽然多，但不会指挥，将领也多不服从管教，战胜袁绍也并不是那么困难的事。

为争取战略上的主动，曹操没有采取分兵把守黄河南岸的做法，而是集中兵力，扼守要隘，重点设防，以逸待劳，后发制人。

200年初夏，曹操亲自率兵北上。此时，谋士荀攸认为袁绍兵多，建议

刘备

少年时拜卢植为师，而后参与镇压黄巾起义、讨伐董卓等活动，依附曹操、袁绍、刘表等多个诸侯。刘备于赤壁之战后，先后拿下荆州、益州，建立了蜀汉政权。后因关羽被害，刘备不听群臣劝阻，发动对吴国的战争，结果兵败夷陵。

声东击西，分散其兵力，先引兵至延津，伪装渡河攻袁绍后方，使袁绍分兵向西，然后遣轻骑迅速袭击进攻白马的颜良带领的袁军，乘其不备，定可击败颜良。

曹操采纳了这一建议，袁绍果然分兵延津。曹操乃派张辽、关羽为前锋，急趋白马。关羽迅速迫近颜良军，冲进万军之中杀死颜良并斩其首级，大败袁军。解了白马之围后，曹操带着白马的百姓沿黄河向西撤退。袁绍率军渡河追击，军至延津南，派大将文丑与刘备继续率兵追击曹军，曹操当时只有骑兵六百，袁军则有五六千骑，且尚有步兵在后跟进。曹操令士卒解鞍放马，并故意将辎重丢弃道旁，袁军果然中计，纷纷争抢财物。曹操趁机突然发起攻击，击败了袁军，杀了文丑，顺利退回官渡。颜良、文丑被一战而斩，袁绍军队锐气被大大挫伤。

虽然初战失利，但袁绍仍然拥有强大的兵力优势，他构筑楼橹，堆土如山，用箭俯射曹营。曹军则制作了一种抛石装置——霹雳车，发石击毁了袁军所筑的楼橹。袁军又掘地道进攻，曹军也在营内掘长堑相抵抗，粉碎了袁军的计策。双方相持三个月，曹操处境困难，前方兵少粮缺，士卒疲乏，后方也不稳固，使得他几乎失去坚守的信心。

就在这时，袁绍谋士许攸投奔曹操，提出了轻兵奇袭乌巢的建议。曹操亲自率领步骑五千，冒用袁军旗号，利用暗夜走小路偷袭乌巢，到达后立即围攻放火。袁绍获知曹操袭击乌巢后，一方面派轻骑救援，另一方面率重兵猛攻曹军大营。曹操励士死战，大破袁军，并将其粮草全数烧毁。经此一役，袁绍军心动摇，内部分裂，大军随之崩溃。袁绍仓皇带八百骑兵退回河北，曹军先后歼灭和坑杀袁军七万余人，也有说是八万人。

结局：曹操最终统一北方

至此，对峙一年多的官渡之战彻底结束，曹操以两万左右的兵力，攻破袁绍十万大军，取得了全面的胜利。官渡之战是中国历史上以弱胜强、以少胜多的典型战例。曹操在此战后实力大大增强，为之后击溃袁绍、统一北方奠定了坚实的基础。202年，袁绍因兵败忧郁而死，曹操趁机将袁氏军事集团彻底剿灭，207年，曹操又征服了乌桓。至此，常年战乱的北方实现了统一。

在官渡之战中，袁绍在人力、物力上都占有绝对的优势，曹操各方面都远远不如他，却能以少击众、以劣势对优势并最终大获全胜，其取胜之道是很值得后人深思的。此战曹操善择良策，攻守相济，屡出奇兵，巧施火攻，焚烧袁军粮草，对获取胜利起到重大作用，这集中体现了曹操卓越的用兵谋略和指挥才能。反观袁绍，内部不和，又骄傲轻敌，刚愎自用，屡拒部属的正确建议，迟疑不决，一再地丧失良机。终致粮草被烧，后路被抄，最终动摇了军心，军队从内部分裂，导致了全军的溃败。

赤壁之战

曹操击败袁绍后，意图一统天下。他在202年，下书给孙权，让他送自己的儿子过来当人质，傲慢之情表现得淋漓尽致，在他看来，孙权已经是自己手下的诸侯了。孙权肯定是极为不满的，但要怎么办他也没想好，他把大臣聚在一起商量对策，但谈来谈去也没个法子。最后，他只带了周瑜一人来到母亲面前，想要寻求意见。

周瑜的态度很坚决，不能去送人质，他分析道："当年楚君刚被封到荆山之侧时，地方不足百里。但他的后代勇于开拓，最后占据了荆州之地，国土直达南海，基业延续了近九百年。现如今，您继承父兄的基业，统领六都，兵强马壮。境内又有矿山盐海，可以提供充足的资源。而且国内安宁祥和，大家齐心协力，曹操有什么可怕的呢？如果曹操得到人质，我们将会陷入他的控制中，最终得到的不过一方侯印、十数仆从、几辆车、几匹马而已。现在最好是先不理他，看看他有什么行动再说。"孙权觉得这番话很有道理，其母也表示同意，孙权便没送人质给曹操。

曹操像

战胜袁绍后，曹操很快统一了北方，拥有极为强大的军事实力，即便孙刘联合，也没那么容易战胜曹操，但事实是，赤壁之战他们赢了，这又是为什么？

三顾茅庐与曹操南下

此时的刘备再次被曹操击败，只能投奔荆州刘表，并屯兵于新野。刘备积极联系当地的人才，发展着自己的势力。207 年冬至 208 年春，在司马徽与徐庶几次推荐下，刘备决定去隆中走一趟，拜访一下有着“卧龙”之称的诸葛亮，并邀请他出山。第一次拜访时，诸葛亮有事儿出去了。第二次去拜访时下着大雪，诸葛亮出去游玩，还是没能见到。刘备只好留下了一封信，讲了自己对诸葛亮的仰慕以及对挽救当前局面的渴望。过了一段时间，刘备又和关羽、张飞第三次造访。这次他们到时是中午，诸葛亮正在睡觉。刘备没有惊动他，一直等他醒来，方才进行谈话。这就是三顾茅庐的故事，而这次谈话的内容，便是著名的《隆中对》。

诸葛亮为刘备分析了天下的形势：“曹操占据北方，其得天时；孙权拥有南方土地，占地利；而将军可占人和，拿下西川作为根据地，与曹、孙形成三足鼎立之势。”刘备听后大喜，希望诸葛亮相助，于是诸葛亮便出山加入了刘备的集团。此时，曹操已经基本统一了北方，他在 208 年 8 月，带着号称八十万的大军星夜兼程攻打刘表，想要一口气完成统一大业。9 月，曹军还没来到荆州，刘表却突然病死了。

刘琮投降，鲁肃使荆州

荆州很快陷入混乱，孙权看在眼里，急在心头。鲁肃在此时却看得极为通透，他告诉孙权：“荆州地处长江中游，与江东接壤。这里沃野千里，物

明　佚名　诸葛亮

君臣鱼水　三国诸葛亮与刘备

选自《帝鉴图说》的《圣哲芳规》，描绘的是刘备收得诸葛亮后，与他的关系很好，引起了关羽、张飞的不满，但刘备说："我得先生如鱼得水。"说明了刘备对人才的重视。

产丰富；外带江汉，内阻山陵，形势险峻，易守难攻，不但是富庶的鱼米之乡，也是兵家必争的南北要冲，占据荆州也就抓住了天下的命脉。刘表死后，两子争权，内部已经严重不稳，刘备反倒成了这里的政治代表。如果刘备和刘表的儿子能够合作，就和他们一起对抗曹操；如果他们之间出现矛盾，那再想别的办法。现在曹操大兵压境，是说服刘备及争取刘表的部属的好时机，如果不赶紧去荆州，可能就会被曹操抢了先机。”

孙权听完鲁肃的分析，心中豁然开朗，即命人摆酒为鲁肃饯行，护送他过江。当鲁肃到达夏口后，曹操军队已经打到了荆州。听到消息后的鲁肃连忙加快速度，但还是晚了一步。他刚刚赶到南郡，就听到了荆州牧刘琮投降曹操的消息。

刘琮降曹，事先并没有和驻扎樊城的刘备打招呼，直到曹操到达宛城时，刘备才得到消息。诸葛亮劝说刘备趁机进攻刘琮，占领荆州。刘备不忍心，只能在曹操大军南下后，带着全城百姓逃跑，曹军在当阳长坂追上刘备军队并打败了他。

鲁肃在当阳找到了一脸狼狈相的刘备，问他今后有什么打算。刘备回答，想去苍梧投奔在那里担任太守的老友吴巨。鲁肃劝道，吴巨处地偏僻，可能没什么前途，而且迟早会被人吞并，不是个久留之地。之后，他向刘备介绍了江东的实力和孙权的为人，指出只有联合江东抗曹才是出路。刘备接受鲁肃的意见，放弃投奔吴巨的计划，改道向东，沿途遇到了关羽的一万多水军和刘表另一儿子刘琦带的一万多人，合在一处，退守到樊口。

孔明使柴桑，鲁肃劝战

刘备派诸葛亮跟鲁肃一起去柴桑见孙权，讲述联合破曹的计策。这时，已然到了江陵的曹操送信给孙权，称：“最近，我奉天子之命，讨伐有罪的叛逆，军旗指向南方，刘琮降服。如今，我统领水军八十万人，将要与将军在吴地一道打猎。”所谓“打猎”，言下之意就是劝孙权归降。

这封气势逼人的信件，很快引起了江东上下的惶恐，以张昭为首的朝臣被吓得够呛，拼命地劝说孙权，投降曹操吧，顽抗下去是死路一条啊，搞得比曹操那边劝降还要积极，毕竟他们人更多嘛。但在这时，有一个人站了出来，主张抗争到底，他就是鲁肃。

鲁肃很清楚其中的利害，他告诉孙权：投降曹操对一般朝臣是没什么损失的，如果他们投降曹操，那在这儿当什么官，到曹操那儿也能当什么官，只是主公的处境就不太妙了，您的地位太高，曹操恐怕会容不下你。听完鲁肃的话，孙权叹了口气：“满朝文武，也只有你说到我的心里了。”

得到认可的鲁肃，随即举荐了周瑜担任抗曹主帅。与此同时，周瑜正奉命出使鄱阳。鲁肃急速将他招了回来，做抗曹的军事准备。

周瑜挽狂澜，赤壁鏖战

周瑜回到柴桑后，一举扭转了当前的局势。针对“迎曹”派的观点，周瑜指出了江东两方面的优势：

首先是政治上，地大，粮多，军队强，内部安定，政权巩固。而曹操名为汉相，实为汉贼，名不正言不顺，到处树敌，看似实力强大，却危机重重。凭借着孙权的雄才大略，完全可以扫清曹操的军队，还朝廷一片

周瑜

21岁时即追随孙策平定江东。208年，周瑜率军与刘备联合，于赤壁之战中大败曹军，由此奠定了“三分天下”的基础。

草船借箭

借箭由周瑜故意提出（限十天造十万支箭），机智的诸葛亮一眼识破这是一条害人之计，却淡定表示“只需要三天”。后来，有大雾天帮忙，诸葛亮再利用曹操多疑的性格，调了几条草船诱敌，终于借到了十万余支箭。

明　仇英　赤壁图

苏轼在《前赤壁赋》中写曹操是“方其破荆州，下江陵，顺流而东也，舳舻千里，旌旗蔽空，酾酒临江，横槊赋诗，固一世之雄也”。“酾酒临江，横槊赋诗”八个字，将曹操的傲慢大气、文才武略精准勾勒出来。

清明。

其次在军事上，曹操有四个致命缺点：

第一，北方没能完全平定，关西的马超、韩遂尚在函谷关以西时时骚扰，导致曹操后方不稳；

第二，所带兵将以北方人为主，不善水战；

第三，初来南方，水土不服，导致感染瘟疫；

第四，轻敌冒进，用兵不顾后果。

孙权听过后，极为欣喜，发誓要与曹操决一死战。

黄盖诈降火攻，曹操败

曹军一到江南，很多士兵就感染了疫病，无力交战，只能退守江北，想

要来年春天再战。而驻扎在南岸的周瑜探听到曹操为了让部下能够在水上打仗，用铁索将战船连在了一起，上铺木板，形成了水上营寨。

部下黄盖很快便发现这是个机会，于是提出了火攻之计。周瑜当即采纳，备下战舰数十艘，里面装上柴草，上面浇了油脂，外面裹上幕帐，插上牙旗，做好了一切准备。随后，黄盖派人送信给曹操，信中表示：周瑜自不量力，以卵击石，自己不想跟他混了，准备带着兵丁和粮草投降曹操。

曹操并没觉得其中有诈，因为他觉得黄盖说的都是事实嘛。黄盖先将数十艘小船准备好，然后在一个刮东南风的夜晚，带着战船（每一战船后拖一只小船，用来让放火人员能够撤退）直奔曹营。曹军毫无防备，都出营来看。在船队到了离曹军水寨不足一千米时，黄盖下令各船一起点火。

燃烧的火焰借着风势，很快点燃了曹军的战舰。霎时间大火腾空而起，火舌向对岸舔去，直蔓延到曹军的营垒。江北顿时陷入一片火海之中。曹军将士乱作一团，被烧死、淹死者难计其数。曹操无心迎敌，将没被点燃的战

孙权像

船和不便带走的军需付之一炬，带着残部向北逃走。联军在刘备、周瑜的带领之下，水陆并进，一直追到南郡。

赤壁之战后，孙权、刘备各自夺去了荆州的一部分，三国鼎立的基础由此奠定。220年，曹操去世，其子曹丕篡汉称帝，国号魏，史称曹魏。次年刘备称帝，国号汉，史称蜀汉。229年，孙权称帝，国号吴，史称东吴。至此，三国正式鼎立。

赤壁之战是中国历史上以少胜多、以弱胜强的著名战役之一，也是中国历史上第一次在长江流域进行的大规模江河作战。赤壁之战的失利，使曹操难以在短时间内统一全国，而孙刘双方的势力则通过此役得以发展壮大，最终形成天下三分的雏形。

淝水之战

中国历史上有很多少数民族建立的政权，氐族人建立的前秦便是非常重要的一个。这支部族不仅在十六国前期的混战中生存了下来，并且统一了黄河流域，甚至饮马长江，具备了一统天下的实力。带领他们的，便是那个创造了“投鞭断流”“草木皆兵”“风声鹤唳”等一系列典故的苻坚。只是这位战神一样的人物却败于淝水之战，这场战争失败的原因是什么，又有着什么重大意义？

苻坚夺位称大秦天王

氐族首领世居略阳临渭，庭中水池曾长出过五丈长的蒲草，故被世人称作“蒲家”，该部氐族首领便以“蒲”为姓，名曰蒲怀归。恰逢陇西大雨不止，百姓无奈地传唱民谣：“雨若不止，洪水必起。”蒲怀归便给自己的儿子取名叫蒲洪。

西晋末年，蒲洪势力还很弱小，曾先后归附于前赵和后赵。349 年，蒲洪在后赵陷入内乱的时候，率军队投降东晋，从而获得了征北大将军的称号，坐镇河北。随后，蒲洪击败了很有实力的羌族姚襄。之后，便有人劝他称王，当时的江湖上有“草付应称王”的传闻，而他孙子蒲坚背上有“草付”字样，于是蒲洪将自己的蒲姓改为苻，蒲坚也就成了苻坚。之后，苻洪自称大都督、大将军，准备回师关中，成就雄图。

谢安（302—385 年）

早年不愿凭借出身入仕，却因此声望高涨，待谢氏临危，才应召担任桓温将军司马。他尽心辅佐孝武帝，并在淝水之战中，以少胜多，为东晋赢得了几十年的和平。战后因功名太盛而被猜忌，被迫避走广陵。

350 年，苻洪手下的降将麻秋在酒席间给苻洪的酒中下了毒药，想要借此吞并苻洪的兵力。苻洪长子苻健（苻坚的伯父）抓住并杀死了麻秋。苻洪临死前，对苻健说：“你们兄弟没能力平定中原，我死之后，你要迅速入关！”说罢与世长辞。苻洪死后，苻健率军占领长安，并于 351 年称大秦天王，正式建立前秦政权。苻健的弟弟，也就是苻坚的父亲苻雄也非常勇猛善战，多年的征战，让他获得了东海王的封号。

苻坚自小便非常聪明，学习努力，积累了丰厚的军事经验，加之背上有“草付”字样，正应了“草付应称王”的谶文，故而很得祖父苻洪的器重。13 岁时，苻坚即被伯父授予“龙骧将军”。其父战死后，苻坚承袭东海王爵。“有经济大志，要结英豪”的他，逐渐成为朝廷中部分官员拥戴的核心，有了自己的势力圈子。

苻健去世后，大位由太子苻生继承。他性情残暴，朝廷大臣对他稍有违逆，便会遭到屠杀，登基不足二年，便惹得朝野愤恨，群臣离心。苻坚抓住机会，在 357 年夏发动宫廷政变，最终处死了苻生。苻坚即位后，去皇帝号，称“大秦天王”。

谢玄（343—388 年）

东晋名将，豫州刺史谢奕之子、太傅谢安之侄。

用王猛，前秦百业兴旺

苻坚即位后，以德治国，他劝课农桑、兴办学校、偃兵息甲、减少赋税，使得前秦的国力慢慢强盛起来。不过，其中也有制约先秦发展的弊政。比较典型的，就是部分自恃有功的贵族，违乱法纪，横行乡里。苻坚决定采用铁腕政策，任用谋士王猛，来治理这一顽疾。

苻坚将王猛派到始平当县令，以整治此县乱象。王猛是个狠人，不怕这些盘踞豪强，执法极为严明。一次，有一县吏为非作歹，按律当杀，但其靠山是始平县的豪门贵族，他们出面要求王猛放人，但王猛丝毫不理，坚持将县吏鞭杀。这样一来算是彻底撕破了脸皮，这些贵族气愤异常，联名上书，诬告王猛滥杀无辜。

上级官员顾及这些豪门权威，将王猛撤职，押解还京。苻坚却对此举大为赞赏，不仅判他无罪，还任他为尚书左丞，执掌文书档案和监察百官。不久，又命他兼任咸阳内史，“亲宠愈密，朝政莫不由之”。这引起了部分宗室贵族的不满，樊世便是其中之一，他自恃功大，多次羞辱王猛。苻坚忍无可忍，下令将樊世斩首，并严惩了其他依附樊世的权贵。王猛执法严明，甚至连苻坚的面子也不给。苻健的妻弟屡次在光天化日下掠人货物、抢人子女，即便太后、苻坚先后求情，王猛也依然按照律法将其处死了，一时间“百僚震肃，豪右屏气”，前秦社会风气得到了极大的改善。

苻坚也同样重视人才的培养和选拔。他广选知识渊博者教授公卿以下官吏的子孙。每个月到太学巡视一次，并多次主持太学考试，按成绩评判学生的好坏。他还多次下诏，表彰在孝悌、力田、廉直、文学、政事等方面成绩卓著者，授予他们官职。苻坚还规定，官吏若荐人为官，得当者受赏，失实者受罚；宗室外戚没有能力的人，不得为官。经过大力整顿，不过五年，前秦就兴旺繁荣了起来。

征战四方，北方再统一

前秦自从建国以来，便四面临敌。365 年，前燕太宰慕容恪夺取东晋洛阳后，挥兵西进，直抵关中；部分归附前秦的匈奴、鲜卑等部落也想要分一杯羹。苻坚带着大军将叛乱一一平息，稳定了关中的局势。366 年，王猛率军战胜前凉后，依据当时的形式，主动提出和前凉停战。

外患刚解，内乱又生。367 年冬，晋公苻柳、赵公苻双等联合起来发动叛乱。苻坚派王猛、吕光等率军去应对。又经过了一年，多地叛乱被陆续解决。

此时，前秦在北方的劲敌前燕，因慕容恪的去世，内部混乱不堪；外部则因东晋桓温北伐，晋军直抵枋头，距前燕京师仅数十里之遥。前燕走投无路，只能向宿敌前秦求救，并且答应打退晋军后，把前燕虎牢城以西的土地割让给前秦作为酬劳。王猛力主救援，等着秦燕联合战胜晋军后，再找机会灭掉前燕。苻坚采纳了这一建议，率军援救前燕。

前燕与前秦在枋头之战大败晋军后，突然爆发内乱，名将慕容垂也被逼降了前秦。苻坚趁此机会，以前燕拒绝履约为理由，在 370 年率兵伐燕，一路势如破竹，很快便将已经乱成一盘散沙的前燕灭亡。

随后，前秦又开始征战周边国家：371 年，前秦攻灭仇池；373 年，攻取东晋梁、益二州，邛、莋、夜郎等国降附前秦；376 年，灭前凉、代国。

至此，前秦统一了黄河流域，其疆域“东及沧海，西并龟兹，南包襄阳，北尽沙漠”。新罗、大宛、天竺等 62 国都与前秦通使往来。前秦与东晋隔江对峙，分裂数十年的中国似乎有了统一的迹象。

失败的全面进攻战略

375 年，50 岁的王猛临终前对苻坚说：“晋朝虽然僻处江南，但为华夏正统，而且上下安定。臣死之后，陛下千万不要想着灭掉晋朝。鲜卑、西羌那些降服的贵族，才是应该尽早铲除的劲敌。”说完，便离开了人世。

但这一番苦心却并未得到苻坚重视，他还是于 382 年与群臣商量起了讨晋的事宜。左仆射权翼认为晋有长江天险，不能进攻。苻坚说：“以吾之众旅，投鞭于江，足断其流。”这话何等豪气，又是何等不顾后果。383 年初秋，苻坚下令进攻东晋。此次出征部队共有步卒60余万、骑兵27万，分三路南下。

知道了前秦征伐的消息，谢安任命弟弟谢石为征讨大都督、侄儿谢玄为前锋都督、儿子谢琰为辅国将军，与西中郎将桓伊等率8万精兵拒敌。

战前，谢玄曾前来询问要如何进行战略安排，谢安却说："朝廷已另有旨安排。"谢玄也不敢再问。之后的谢安就像没事儿一样，该玩玩儿，该乐乐，还跟谢玄一起用围棋赌别墅。谢安平日棋技不如谢玄，但谢玄现在心烦意乱，哪还有心思下棋，结果当然是输了。下完棋，谢安又在别墅附近游山玩水，逛到很晚才回家。

西线的桓冲非常担心，想要从荆州调来三千精兵保卫京师。谢安却不接受，口中仍说着："朝廷已经有退敌的计策，没必要补充兵力，守好西边防线，不要轻举妄动。"桓冲自然放心不下，叹了口气，对手下说："如今大敌当前，宰相却只顾玩乐，派到前线的又都是一群不懂事的年轻将领，而且本来对面的军队就比我们多，这一次东晋多半是要完了。"

当然，我们其实看得出，谢安此举一方面是为了稳定民心，另一方面也是为了麻痹对手，他看似一副不紧不慢的样子，暗里却巧布奇局。直到决战前夕，谢安把众将叫了过来，安排起了对策。

383年初冬，前锋苻融军攻克寿阳。寿阳初战告捷，被胜利冲昏头脑的苻融派人飞奔告知苻坚："敌人又少又弱，简直不堪一击，只是怕他们会跑，大军应该快点儿南下，痛打落水狗。"于是，得到报告后的苻坚只带了八千轻骑，日夜不停地赶到了寿阳。

苻坚先派尚书朱序到东晋军中，以劝降的方式探情况。谁知这个朱序是个"二五仔"，到了东晋军中就把苻坚那边的情况都说了。他对东晋征讨大都督谢石说道："如果秦的百万大军都到了，那确实不好对付，所以得趁他人还没齐的时候快速出击，战败他的先锋军队，等他们锐气一失，就比较好打了。"这朱序本为东晋襄阳守将，兵败被俘，估计也是个身在曹营心在汉的主，这次就借着劝降回到自己的阵营了。

很快，晋将谢玄派刘牢之带领五千精兵，在洛涧痛击前秦军队，这一仗

清　谢彬　淮淝奏捷图

此图描绘谢安于山中运筹帷幄，指挥将士击败前秦入侵的故事。人物描绘细致，设色工丽，作全景式构图，以整洁优雅的环境突出了主人公临事从容淡定的名士风度。

让前秦丧失了一万五千多名士兵。之后晋军又水陆夹击，等到苻坚和他的将领们登上寿阳城头时，放眼望去，全都是军容整齐的晋军，那八公山上的草木，也在一片模糊中被当成了晋朝的军队，黑云压城城欲摧。苻坚看在眼里，心头一惊，他看向苻融："这就是你说的又少又弱的晋军！"

秦、晋双方布阵于淝水，隔河对峙。晋军希望秦军能退后一段，等渡河后再一决胜负。苻坚觉得可以假装答应，在晋军渡到河中间时，再用骑兵突袭，杀他个片甲不留，于是下令全军后撤。想的是很好，但执行起来就出现了问题。秦军人太多了，难免就会出现信息未能及时传达的情况，很多人也搞不清楚统帅要干吗，加上"二五仔"朱序在军队里咋呼："秦军败了，秦军败了！"前军以为是真的，撒腿就跑，后军一看，别愣着了，跟着跑吧，军中就乱了套了。谢玄、谢琰、桓伊等晋将毫不费力地渡过了淝水，跟在后面就打，溃不成军的秦军光自相践踏就不知道死了多少人。逃得性命的也跟丧家犬一样，没日没夜地狂奔，即使是风声鹤唳，听在耳中，也像是追兵到了一般。苻融也在乱军中被追兵所杀。

苻坚被飞箭射伤，一个人逃到了淮北。想到半生心血，一时付诸东流，不禁泪如雨下，他哭着对夫人说："我现在还有什么脸治理天下啊！"

而此时，当淝水一战捷报传来时，谢安正与客人下围棋，接到信看过之后就放在一边，接着下，就好像什么都没有发生。客人问是啥事儿，谢安才慢悠悠地说："小儿辈已破秦军。"当然，谢安也不是一直这么淡定的，下完棋回家后的他，高兴得控制不住自己，过门槛时屐齿都给碰折了。忍了这么久，终于可以扬眉吐气了。

在历史上，淝水之战是场以少胜多的著名战役。看似强大的前秦却败给了东晋，国家也就此衰败，北方的这些民族也都慢慢脱离了前秦的统治。不过，本来以为能迎来和平的中原地区，此后却再次陷入四分五裂的局面。这一仗虽然不能让东晋统一中国，却也拦住了北方政权向南方扩张的步伐，使得南方的政治、经济能有一个比较稳定的发展。

戚继光抗击倭寇

戚继光的妻子王氏乃将门之后，她为人凶悍，通晓军事，这常让戚继光感觉憋屈，没有身为将军的尊严。在部下的提议下，戚继光将老婆带进军营，帐内将士皆罩袍束带，手持兵刃，一派杀气腾腾的景象，想借此给妻子一个下马威。但王氏却毫无惧色，把眼一瞪，质问戚继光是何用意。戚继光被这样一喝，登时没了气势，跪倒在地说道："特请夫人阅兵。"

这样看来，戚继光似乎是个胆小的人，怕老婆能够怕成这样。有人可能会问了，这样的人又是如何承担抗倭大业的呢？

倭寇肆虐

在 14 世纪初，日本属于南北朝分裂时期，诸侯纷争，战事不断，战败的一些南朝封建主，就组织起武士、商人和浪人，去中国沿海地区进行武装走私和烧杀抢劫，史称"倭寇"。

自明初开始，倭寇便对中国沿海进行侵扰，从辽东、山东到广东的漫长海岸线上，都留下了他们剽掠的足迹，沿海居民饱受其害，有苦难说。明初曾筑海上 16 城，召集民兵，对抗倭寇，取得一些效果。但到了嘉靖年间，商品经济得到进一步发展，私人经营的海上贸易也十分活跃。一些海商大贾、浙闽大姓为了牟取暴利，不惜违反朝廷的海禁命令，和"番舶夷商"相互贩卖货物，他们勾结在一起，形成海上武装走私集团，有的甚至勾结日本各岛的倭寇，在沿海抢劫。比较著名的海盗商人有王直、徐海等，他们勾结外寇，使寇患愈演愈烈。同时还有一些明朝官僚，也和寇盗保持着很好的联系。

1548 年，明朝派朱纨巡抚浙江，兼提督福建军务。朱纨到任后，立刻封锁海面，击杀了通倭的李光头等 96 人。这一举措触犯了通倭的官僚、豪富的利益，他们便指使在朝的官僚以擅杀的罪名诬告朱纨，将这位巡抚大人逼得走投无路，最后只得自杀以证清白。从此，不再设立巡抚大臣，朝廷内外也不敢再提海禁之事，倭寇没了束缚，也就越来越猖狂。

被侵害的人民等不到政府的援助，那就自己救自己吧，于是他们纷纷组织起来，进行抗倭的自卫斗争。戚继光正是在这一时期崛起的，除了他，还有一大批同样充满血性的志士，他们依靠人民的力量，在抗倭斗争中屡建战功，最终赢得了抗倭斗争的胜利。

戚继光（1528—1587 年）

明代抗倭名将，杰出的军事家。

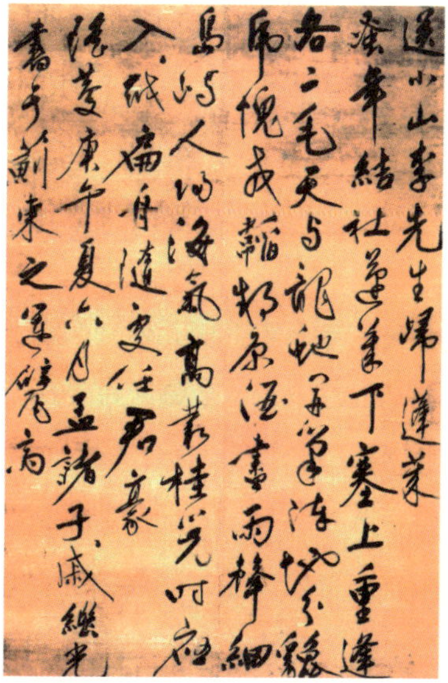

戚继光书法

招兵练兵

戚继光出生于 1528 年，虽然家境贫寒，但是他自小喜欢读书，通晓儒经、史籍。1544 年，他继承祖上的职位，任登州卫指挥佥事。这是个正四品的官职，分掌所属部队士兵的日常训练和军纪工作。当时山东沿海一带正饱受倭患，有心杀贼的戚继光便写下了“封侯非我意，但愿海波平”的诗句。

1555年，戚继光被调往浙江都司佥事，并担任参将一职，防守宁波、绍兴、台州三郡。1558年，戚继光虽在驰援台州的战斗中打了胜仗，但他深知明军的战斗力不够强，一遇到面对面作战，就怯懦不前，有的还临阵脱逃。因此，戚继光想亲自组建一支军队。这时，义乌乔亭人冯子明“投笔诣军门”，觐见兵部左侍郎兼都察院左佥都御史的胡宗宪，愿为朝廷抗倭出力，胡宗宪就把他介绍给了戚继光。

冯子明见到戚继光，认真讲述了义乌农民勇猛与不怕牺牲的特点。此言说得戚继光心潮澎湃，若能招募这样的勇士，再加以正规严格的训练，定可以驰骋沙场，所向披靡。胡宗宪也认为此举可行，便准许戚继光罢去所部旧兵，前往义乌招募新兵。恰在此时，义乌县令赵大河也上书胡宗宪，建议官府去义乌招兵，以提高官兵素质。双方一拍即合，胡宗宪便下令赵大河协助威继光共同完成此事。1559年秋，戚继光来到义乌县城，与赵大河一起募得三千人，鉴于人心难得，违令增选一千。之后，戚继光便带领着所招募的四千新兵前往绍兴开始进行严格的训练。

戚继光之前，军队中更重视个人的武力，所招人物成分复杂，什么拳师、打手、和尚、苗人，只要拳头够硬，武器要得够好，那就是好样的。形形色色的人虽然武功很强，但调度起来其实并不方便，真上了战场，也很难发挥出很大的作用。当局者很快意识到了这点，毕竟这些“武学大师”老是被训练有素的倭寇们一次次击败，意味着集体的力量是要高于个人能力的。针对这一点，戚继光首先传递给士兵保家卫国的思想，牢记他们是拯救百姓于水火的正义之师，同时制定严格的军纪和赏罚制度，一切都明确后，便可以着手练兵了。

首先，面对的一点就是这些义乌兵虽然勇不可当，但只懂蛮冲，不懂保护自己，这样下去，只会送给敌人当炮灰。那就先教你们阵法和使用武器吧，至少要先把自己保护起来。

戚继光将他们十二人编为一队，四队为一哨，四哨为一官，置哨总统领。四官为一总，由把总率领。再进行“号令”训练，制定各种号令，要求熟记并遵守。针对武艺的训练，则要求人人必须具备真功夫。戚继光还专门写了一本通俗易懂、图文并茂的《纪效新书》作为教材，发给战士，令识字的人朗读、解说，要求人人熟记，背不下来要处罚，军营一时成了学堂，读书声不绝于耳。

其次，戚继光在选用传统兵器的基础上，创制了新武器“狼筅”。这种武器利刃在顶，柄长一丈，四面都是竹枝，锐如狼牙，是根又坚硬又直又粗的棍，像一把多头叉，可刺可扫，还可抵挡长枪手进攻，出手时会发出响尾蛇似的“沙沙”声。还有一种底下着地，面呈弧形，可在泥涂上滑行的木制“涂塌”，用来追捉在泥涂上踯躅，准备逃跑的敌人。这是义乌兵使用的特殊武器。

鸳鸯阵法

戚继光根据东南沿海地形，分析敌我短长，经过反复琢磨，创造出一种长短兵器迭用、刺卫兼备、攻防适用、能够在各种地形上灵活变换阵形、出击灵活、应急方便、成双成对、彼此相顾的新阵法——“鸳鸯阵”，用于训练义乌兵。

“鸳鸯阵”阵形以11人为一队，最前为队长，次二人一执长牌、一执藤牌。长牌手执长盾牌遮挡倭寇的箭矢、长枪，藤牌手执轻便的藤盾并带有标枪、腰刀，长牌手和藤牌手主要掩护后队前进，藤牌手除了掩护还可与敌近战。再二人为狼筅手，狼筅手利用狼筅前端的利刃刺杀敌人，以掩护盾牌手的推进和后面长枪手的进击。接着是四名手执长枪的长枪手，左、右各二人，分别照应前面左右两边的盾牌手和狼筅手。再跟进的是两个手持“镗钯”的短枪手担任警戒、支援等工作。如敌人迂回攻击，短兵手即持短刀冲上前去劈

明　仇英绘　倭寇图卷《明仇十洲台湾奏凯图》

现存最为精致的一幅描绘当时倭寇和明军形象的彩色绘画史料，画面构成按照倭寇的船队出现、登岸、观望形势、掠夺防火、平民逃难、倭寇和明朝士兵交战、报捷、明军出击的顺序。

杀敌人。各种兵器分工明确，每人都要精熟自己的那一种操作，有效杀敌的关键在于整体配合，令行禁止。

“鸳鸯阵”不但将矛与盾、长与短紧密结合，充分发挥了各种兵器的效能，阵形变化也极为灵活，可根据情况和作战需要变纵队为横队，变一阵为左、右两小阵或左、中、右三小阵。当变成两小阵时称“两才阵”，左右盾牌手分别随左右狼筅手、长枪手和短兵手，护卫其进攻；当变成三小阵时称“三才阵”，此时，狼筅手、长枪手和短兵手居中，盾牌手在左、右两侧护卫。这种变化了的阵法又称“变鸳鸯阵”。

此阵运用灵活机动，正好抑制住了倭寇优势的发挥。四千新兵经过两个月严格艰苦训练，“无不以一当百也”，人称“戚家军”。

讨平倭患

1560 年春，戚继光改任台州、金华、严州三府参将。他一面继续训练义乌兵，一面抓紧整治海防，修筑海堤，铸造铁炮，督造战船，建立水师，准备迎击海上倭寇。到 1561 年春，义乌兵已经训练了一年有余，出海的 44 艘战船也督造完成。恰在此时，传来了几千倭寇袭击浙江台州、桃渚、圻头等地的消息，戚继光马上率军与倭寇展开激战。在人民群众的配合支持下，戚家军九战九捷，歼灭大量倭寇，取得了决定性的胜利。卢镗、牛天锡也在宁波、温州大败倭寇。浙东的倭寇至此全部扫除。

1562 年，倭寇又大举进犯福建，从温州来的倭寇与福宁、连江的倭寇一起攻陷寿宁、政和、宁德，自广东南澳来的倭寇与福清、长乐等地的倭寇攻陷玄钟所，并延及龙延、松溪、大田、古田、莆田。倭寇在距宁德 5 千米的横屿，凭险固守，致使官军与倭寇相持达一年之久。新来的倭寇又在牛田和兴化筑营固守，互为声援，使福建频频告急。于是，戚继光再次率军入福建剿寇。

戚继光很快攻下横屿，斩首2600人，又乘胜攻下牛田。倭寇逃向兴化，戚继光乘胜追击，连夜作战，连克60营，斩首无数，一举收复兴化城。随后，戚继光回师福清，又歼灭登陆的倭寇200人。至此，福建境内的倭寇几乎被全部消灭。

戚继光返回浙江后，倭寇贼心不死，又大肆劫掠福建沿海。1562年年底，倭寇攻陷兴化城，在城中大肆烧杀抢掠，盘踞两个多月才弃空城而去，随即攻陷平海卫（今福建省莆田市秀屿区）并以此为巢，四处骚扰。福建再次面临倭患的威胁。明朝调新任福建总兵俞大猷和先期援闽的广东总兵刘显，与戚继光一道抗击闽倭。

1563年初夏，戚家军再次进入福建。在与平海卫倭寇的战斗中，戚家军为中军，负责正面进攻，俞大猷为右军，刘显为左军，从两翼配合攻击。三面受敌的倭寇狼狈地逃回老巢。三路明军随后追到，将敌人围困于巢中，并借风火攻，荡平了倭巢。

此战只用了四五个小时，歼倭2000多人，解救被掳男女3000多人，明军收复了兴化城。平海卫之战后，戚继光又率部消灭了原侵扰政和、寿宁的倭寇。1564年，又相继大败倭寇于仙游城下、同安王仓坪和漳浦蔡丕岭，斩获颇多。其后，戚继光又在福宁大败倭寇，并与俞大猷一起扫清了福建境内最后的倭寇。福建倭患至此基本平定。余倭逃往广东，广东倭寇主要由俞大猷平定。

倭寇的侵扰，危害了东南沿海人民的生活，也极大地破坏了经济发展。在这场抗倭战争中，戚继光身先士卒，与士兵同甘共苦；严格要求士兵，不准扰害百姓，做到兵民相体；在战略战术上，攻其不备，出其不意，攻则集中兵力，打歼灭战，守也不是机械地死守，而是在防御中寻找反攻的时机。独树一帜的“鸳鸯阵”，发挥了集体的力量，将长短兵器灵活、严密地结合起来，有效地打击了敌人。这是戚家军屡次打败倭寇的重要原因，也是戚继光和戚家军留给后人的一份宝贵财富。当然，抗倭斗争的胜利，同样来自广大人民群众的支持和其他抗倭将领的配合。

第四章　制度建设

户籍制

汉朝某一年的仲秋（八月），张掖郡居延县的县衙门口排起了长长的队列，这里正在进行户口登记，百姓们要接受官府的查验。居延县西道里的一名燧长（边疆哨所所长）徐宗时年50岁，家有七口人，家产（包括住宅、田产及耕牛）共值一万三千钱，这些户籍信息，他必须如实报告衙门，由衙门登记造册。

史书完整地记载了以上登记户口的过程，不过在古代这个过程并不叫“办户口”，而叫“案比”。我们知道，现代户籍是登记户口的簿册。户口包含两个概念，以家为户，以人为口。那么，中国古代的户籍制度是怎样的呢？

西周时司民掌登万民之数

古代的户籍制度主要包括两方面内容，一方面是登记制度，另一方面是管理制度。早在商王朝时期，我国便已经出现了人口登记制度。殷墟甲骨卜辞中的“登妇好三千，登旅万乎”“登人三千乎战”等，便是对早期人口登记活动的记述。《尚书·多士篇》也有“惟殷先人，有册有典”的记载，可见在先秦时期，我国便已经有了人口统计活动，这可以看作我国户籍登记制度的萌芽。

夏禹时期，天下被分为九州，九州之地生活着1300多万人。如果不对这些人进行户籍登记，很多工作便难以顺利开展。当然，说夏禹时期便有了户籍登记制度，现在还只是一种推测，至少从当前出土的史料中还找不到直接的证据。

与夏禹时期不同，西周时的户籍登记是有史料记载的。《周礼》中有“听闾里以版图”“凡在版者”的记载。这里的“闾里”就是乡里，“版”就是户口册。根据相关史料记载，西周时期已经出现了管理户籍登记的官职“司民”，他们会将生齿（男孩满8个月、女孩满7个月为生齿）以上的人，按性别差异登记于册，即“书于版”，并分城（都）、乡（鄙）进行人口统计，这是目前已知我国最早的有关城乡人口划分的记载。

西周晚期毛公鼎和散氏盘

除了要登记人口的基本信息，“司民”每年还要登记人口的出生和死亡信息，掌握人口的自然变动情况。每隔三年还会进行一次人口调查核实（“大比”），在孟冬（农历十月）时上报朝廷。可以说，周朝的户籍登记制度正是此后历朝历代户籍登记制度的雏形。

春秋战国齐秦编户和什伍

春秋战国时期，各诸侯国为增加兵力和赋税，稳定社会秩序，纷纷建立起严格的户籍登记制度，即“书社制度”和“上计制度”。“书社制度”指的是25户百姓为一社，社之户口，

管仲

被鲍叔牙举荐为相，齐桓公称之为“仲父”。其在任内大兴改革，整顿行政，选贤任能，注重农业发展，使齐国成为强国。

书于版图。“上计制度”指的是郡、县长官要在每年年底前，预算出下一年度农户和税收的数目，并将其写在木券上，呈送给国君。

春秋时期，管仲奉齐桓公之命进行改革，采用“叁其国而伍其鄙”的政策。这里的“叁其国”，就是将国划分为21个乡，士居15乡、工居3乡、商居3乡，此三居又分设三官管理。而“伍其鄙”，则是将鄙野（国都之外的广大地区）分为5属，设立5大夫、5正官进行分管。在“属”之下，还有县、乡、卒、邑这4级，分别由县帅、乡帅、卒帅、司官进行管理。

管仲对户籍制度进行的改革，目的是让士、农、工、商各司其职，彻底消除部落的残余影响，使得行政区域的结构划分更加精细，这样才有利于维护齐国的稳定。在当时，人口是最重要的战略资源，其在国家发展中起着极大的作用，人口的多少往往决定着一个国家的强弱。

相比于齐国，秦国的户籍制度要更为完整一些。秦孝公任用商鞅进行变法，实行法家学说，在全国范围内实行“军事化管理”，其中户口编制“五家为伍，十家为什”，小孩出生要登记，老人死了要除名，官吏还要经常检验户口，凡是在册人户，都要向国家交税、服兵役，每个人都有自己的“身份证”，既能证明身份，又可以作为纳税凭证。

秦统一全国，推行户籍制度

秦统一全国后，户籍管理办法变得更为完善和严密。为了让户籍管理更具实效，秦王朝利用社区组织加强对百姓的控制，实行“什伍连坐法”。

什伍，是古代户籍与军队的编制。户籍以五家为伍，十家为什；军队也以五人为伍，二伍为什。什伍之中，一家有罪，其他家都需要告发，否则就要连带受罚。想要搬到其他地方居住，也要及时请求地方官吏“更籍”，否则便会被认定为违法行为。通过这种方法，秦王朝加强了户籍管理的力度，确保了户籍管理制度的有效施行。

汉代户籍制度进一步完善

汉朝的户籍管理承接秦制，并在此基础上有所发展。西汉初年，丞相萧何是户籍管理的主要负责人，他编制了《九章律》，以“户律”详细规定了户籍的管理办法，这是我国历史上首次将户籍管理方法上升到了法律规范的层面之上。

萧何

早年任秦沛县狱吏，秦末辅佐刘邦起义。楚汉战争时，他留守关中，使关中成为汉军的巩固后方，是刘邦打败项羽的重要基础。公元前196年，又协助高祖消灭韩信、英布等异姓诸侯王。

汉朝的户籍至少三年一造，县、道官吏负责对户口进行验查和登记，时称“案户比民”，简称“案比”。案比的时间多在仲秋之月（农历八月），届时，老百姓必须带着一家人来到县府，聚在廷中，接受主吏的检阅。需要进行户籍登记的，主要是20 ~ 60岁的男子，为了防止出现瞒报、虚报逃避苛役的情况，汉王朝还特意制定了临时性的监察措施。

为了防止脱籍，汉王朝还严禁自由迁徙，规定不

汉宣帝刘询褒奖守令

宣帝时做守相，食二千石俸的，都要久任。若是历任未久，就有功劳，也只降敕书奖励，或加升官级，或赏赐金帛，或赐予关内侯的爵级，仍照旧管事，所以那时做官的，人人勤勉，好官甚多。

经乡亭批准、结清赋税，不能擅自迁徙和更改户籍，违反规定的人要受到惩罚。于是，这种做法在无形中便使农民失去了迁徙的自由，人口流动也在很大程度上受到了政府的管控。

魏晋南北朝的黄籍、白籍制

北魏的户籍制度为三长制，“五家立一邻长，五邻立一里长，五里立一党长；长取乡人强谨者”。东晋南朝则沿袭了秦汉的户籍登记制度，实行黄籍、白籍制。黄籍记载的是处在服役年龄的人口，白籍记载的则是流亡江南的北方人口。

东晋南朝时期，由于战争频繁，户口流动频繁，为了整理户籍，多次实行“土断”政策，将北方侨居人口和浮浪人口按照实际居住地统一登入当地户籍，以加强对他们的控制，增加国家的财政收入。

章怀太子墓壁画

李贤（655 年 1 月 29 日—684 年 3 月 13 日），唐朝宗室、大臣，唐高宗李治第六子，女皇武则天次子。

隋唐时期实行输籍定样制

隋唐时期实行“输籍定样”制度，规定民始生为黄，4 ~ 15 岁为小，男子 16 ~ 20 岁为中，21 ~ 59 岁为丁，60 岁为老（玄宗时改 18 ~ 22 岁为中，23 岁为丁）。户籍簿一式三份，一份留在县里，一份送到州上，一份送去户部。编制户籍时，“县司责手实、计账，赴州依式勘造，乡别为卷，总写三通。其缝皆注某州某县某年籍，州名用州印，县名用县印”。

唐代仍实行“案比”制度。唐人李贤在对《后汉书》

李贤墓壁画

的注中提到，汉代的“案比”，在唐代叫“貌阅”。敦煌文书唐代籍账残卷中，也记载了很多登记人面貌特征和疫疾的情况，如有人右脚跛了、耳朵下面有小瘤等。“案比”之后，正式造籍，其原则是自生齿以上，人皆著籍。从黄（1 ~ 3岁）、小（4 ~ 9岁）到老（60岁以上）、疾（残疾、废疾、笃疾），从家庭成员到奴婢、养子都要登记在册。这种户籍格式，一直延续到明清时代。

唐朝还实行乡保制，五家为一保，四家为一邻，百户为一里，五百户为一乡，每里置正一人。里正掌“按比户口，课植农桑，检察非伪，催驱赋役”。据《唐律疏议·讼律》中记载：“同伍保内在家有犯，知而不纠者，死罪，徒一年；流罪，杖一百；徒罪，杖七十。”可以看出，唐王朝的户籍控制比前代要更为严密。

两宋时期编造五等丁户簿

宋元时期，户口的编造时间也是三年一次，即“三年一大比，造户籍、上计账。每造凡三本，一留县，一送州府，一申省部”。宋代编造五等丁户簿，重点是评估和确定户数等。元代在村社还置有一种鼠尾簿，用来随时登记户口的变动。

宋朝的户籍制度实行都保制，“十家为一保，选主户有心力者一人为保长；五十家为一大保，选一人为大保长；十大保为一都保，选为众所服者为都保长”。保内设有挂牌，用来书写户数姓名。同保中如发生“强盗、杀人、放火、强奸、略人、传习袄教、造畜蛊毒”等事，同保诸家若“知而不告”，便要以“五保法”惩处。

元朝的户籍制度实行村社制，县下设乡，置乡长，有的地方设里正而不设乡长。乡之下设都，置主首，都之下则设村社。社的户数，以五十家为准，超过了五十家的，如果增长到一百家，则会增加一位主首。

明　仇英　职贡图卷

此图卷描绘了边疆民族进京朝贡的场景。引首为许初篆书“诸夷职贡”，后依次描绘十一支朝贡队伍：九溪十八洞主、汉儿、渤海、契丹国、昆仑国、女王国、三佛齐、吐蕃、安南贺、西夏国、朝鲜国。卷后有文徵明、张大千、吴湖帆、张乃燕跋。

明清籍天下户口，并置户贴

1370年，明朝户部统计天下户口，并置户贴，主要登记籍贯、人丁数、年龄、姓名等内容。为了防止伪造、假冒，明王朝将户贴“以字号编为勘合，用半印钤记，籍藏于部，贴给于民”。上报方式是地方基层组织将当地户口勘取明白后，汇集到县上或州里，州再报给府，府汇总到布政司，最后“布政司总类呈报本部立案，以凭稽考”。

明朝的户籍制度实行里甲制（也称保甲制），“以一百十户为一里，摊丁粮多者十户为长，余百户为十甲。甲凡十人。岁役里长一人，甲首一人”。明代法律还规定“农业者不出一里之间，朝出暮入，作息之道相互知”。任何人离乡百里，都必须持“路引”，这“路引”就相当于离乡的证明，很像现代的“行程码”。

清朝基本继承了明代的户口登记制度，开始是三年一编审，后来又改成了五年。1772年，乾隆皇帝把五年一次的编审制度也给取消了，改用“岁计”的方式了解各地户口增减情况。

清朝所实行的保甲制，“州县城乡十户立一牌头，十牌立一甲头，十甲立一保长，户给印牌一张，备书姓名丁数，出则注明所往，入则稽其所来”。有来路不明的，就要“捉”去治罪。“户有迁移，随时报明，换给门牌。”摊丁入亩实施后，户籍编审也随之停止，保甲制度越来越得到重视。

民国时，先后出台了《户籍法》《保甲条例》和《户口普查法》，在全国统一建立保甲组织，实行“联保连坐”制。在此之后，又推行国民身份证制度，建立了各级户政机构。

我国古代的户籍制度，有一个从无到有慢慢成熟的过程。虽然久历战争，王朝更迭，但这份制度却总能被继承下来，足见各代王朝对户口登记和户籍管理的高度重视。户口管理，方便了政府对人口的活动进行控制和制约，有利于国家的稳定和人民的和谐。

科举制

2022年高考数学刚结束，很多学生就哭成一片，吐槽没有基础题。有人甚至说数学试卷出的题太难，堪比当年江苏卷，直接难倒了大部分的考生。这也使得一些家长很是生气，高考，这决定孩子人生的关键的一步，就这样被一份难度很大的考卷抹杀了，怎么想都是出题老师的责任，人肉搜索他吧，把他的身份信息曝光吧，大家都来对着他发泄怒火吧！这种做法实在过于极端，毕竟老师兢兢业业出考题，也是完成分内工作，被这样对待实在有些冤枉。

不过考试对于人的重要性，由此可见一斑，从古到今，向来如此。这种制度是因何而起？又是从何时开始的呢？古代与现代的考试又有着怎样的不同呢？

从察举到科举一脉相承

说起古代考试，最有名的当然是科举，这不仅是那些贫困学子改变人生的唯一途径，也是古代朝廷选拔官员的主要方式。其实在科举制度实施之前，我国古代的考试制度也经历过几次重大变化，从世卿世禄到察举制再到九品中正制，科举制算是最后确立下来的一种考试制度。

周代的“考试”采用“乡举里选”的方式，先由“乡老”（族长）等选拔本乡的贤士，然后经过地方长官的层层上贡，直达中央。那些上贡到王的贤士，由王亲自考试。考什么呢？射箭，谁射得准，谁就能当官。

看上去，这似乎是种公平的方式，但在当时，教育资源都被统治阶级垄断，能够参与考试的也都是统治集团内部的成员，所以，很多朝廷的官职也都由这些统治集团内部的成员世袭继承，具体表现就是周代的“世卿世禄制度”。

世卿世禄制度与当时的宗法制和分封制互为一体，主要特征是嫡长子继承，正妻所生的第一个儿子继承王位，其他儿子依次向下逐层类推下去，最终形成一个金字塔式的权力结构。在这种制度下，即使有举荐选拔，也大多不会超出宗法家族的范围。那些超出这份关系能通过举荐选拔的人，在当时十分稀少。

春秋时期，为了富国强兵，统治阶层开始任用一些有能力但出身、地位不高的人。世卿世禄制遭到严重破坏，由举荐考核而任用官僚的制度开始逐渐形成。

战国时期，秦国率先出现了依靠军功接受爵禄赏赐的“军功爵制度”。当时各国盛行“养士”之风，那些有才干、善言辞的人被招入国君、诸侯麾下，他们可以不论出身，为国君和诸侯服务。秦相吕不韦、战国四公子都在门下聚集了一批优秀人才。

到了汉朝，选拔人才的方式变得更为多样，“任子制”“征辟制”和“察举制”是当时主要的选拔民间人才的方法。

所谓“任子制”，就是任用子弟为官的一项制度。在这一制度下，逐渐产生了一个凌驾于社会之上的豪门集团，士族门阀也借此登上了历史舞台。这一制度的实施和扩大，直接造成了政治的腐败，影响了汉代社会乃至其后数百年的历史发展，魏晋南北朝的门阀士族制度，就是以祖上官位的高低确定的。

所谓“征辟”，就是指征召声名显赫的人来做官。“征”是指皇帝下诏指名征聘，也可称为特诏或特征。“辟”则是指公卿或州郡征调某人为官，帮助自己治理地方，也可称为辟召、辟除。作为一种自上而下选拔官吏的制度，征辟制在当时的地位仅次于察举制。

所谓“察举”，就是考察举荐，也可以称其为“选举”。开创这一制度的是汉高祖刘邦，他在西汉开国时便下求贤诏，要求郡国推荐各类人才。到了惠帝、吕后时，则开始诏举“孝悌力田”，察举也有了必备科目。汉文帝即位后，下诏要求“举贤良方正能直言极谏者”，并且定下了“对策”（考试）和等第，至此，察举制度得以正式确立。

汉武帝时期，察举制主要考核两个科目，一是“孝者”，二是“廉者”。“孝者”原来是指孝敬父母、尊敬长官的人，在成为察举科目后，主要是指能够在这方面做出成绩、受到表彰的人。“廉者”指的是“清洁有廉隅者”，也就是能够清廉为官之人。从其定义可知，“廉者”和“孝者”的资格有所不同，“孝者”出身于平民，“廉者”则是现任官吏。

虽然汉代各科察举也需通过考试，但与后世的科举制不同，察举制中的考试并没有那么重要，要想做官，关键还得靠举荐。以举荐为主，考试为辅，是察举制的主要特征，只要过了举荐这关，考成什么样都不至于被刷下来。

东汉末年，社会动乱，打碎了察举制依赖乡里清议的根基。当时的选官多被地方大族名士掌握，这便导致朋党交结，乱象丛生。自曹操起，新的选拔方式开始出现。曹丕继魏王后，颁行了九品中正制。这是一种通过特定官员，按出身、品德等考核民间人才，并将其分成九个品阶录用的方法，这种制度继承了两汉乡里评议的传统，但评议权收归中央，大大加强了中央集权统治。

在古代，达官显贵人家的大门外都会矗立两根柱子，“在左曰阀，在右曰阅”。主人用它来自序本户的功状，阀阅也就成为尊贵人家的一种标志。那些世代为官的人，也常被称作门阀、阀阅、门阀士族、阀阅世家等。魏晋时，门阀士族势力极为强大，甚至可以影响中正官考核人才，最后逐渐到了仅凭借门第出身，就可以进行官员选拔的程度，造成了“上品无寒门，下品无士族”的现象。民间的人才没了上升通道，有钱有势的士族把持朝廷，作

汉武帝刘彻蒲轮征贤

汉武帝素喜好儒者的学术，因举用当时名儒，以赵绾为御史大夫、王臧为郎中令。赵绾、王臧又荐举他们的老师申公，说他的学问更高。汉武帝想征聘他，听说申公年老，害怕其途中受劳，于是驾一辆安车去迎接申公；又用蒲草裹了车轮，使其行路软和，坐得自在；又用币帛一束，另加玉璧，以为聘礼。申公非常感激，遂随聘到京。

威作福，晋末的诸多社会乱象便与此有关。

到了东晋末年，门阀士族势力终于也衰落了下去。到了南朝后期，被侯景之乱一冲击，剩下的士族也很快消失殆尽，“九品中正制”也不再适应新的时代。于是这种制度在隋朝建立后，宣告废除，皇帝强化了察举制中的考试要素，逐渐形成了科举制度。

科举制的特点是报名随意，通过考试差额录取，因为有多种报考科目，“分科举人”，所以被称科举。唐代科举最重要的科目是进士科，考试采用命题的方式，因为录取难度大，很能考验参与者的真实水平，所以受重视的程度也比较高。

科举制度的发展和演变

587年，隋文帝下诏，所有官员的选拔都要先通过考试，然后由吏部录用，成绩的好坏决定是否被录用以及所担任官职的品级，科举之制由此开创。其子隋炀帝虽然名声不太好，但对科举却有着极大贡献。606年，隋炀帝在已有科目中又特设了进士、明经两科，由吏部以考试的方式选拔官吏，科举制度自此正式形成。

唐贞观年间，考试科目进一步增加，但进士、明经两科仍为主要考试科目。虽然科目增加了，但取士人数却并不算多，据相关史料统计，唐初进士科每年应举者少则八九百人，多则一两千人，而其中能及第者不过十至三十人。整个贞观年间，考中进士的仅205人。到了武则天时期，科举取士的人数才大量增加。据不完全记载，在唐高宗、武则天统治的55年中，进士及第者有一千余人，平均每年录取的人数较贞观时增加了一倍以上。除此之外，这一时期还首创了武举和殿试，科举制被进一步丰富完善。

宋代科举考试的程序较唐代复杂烦琐得多，但主要还是乡、省和殿试这三级考试。乡试是州一级的考试，由州通判负责，州之内的官私学校学生都

宋人殿试图

殿试，又称“御试”“廷试”“廷对”，是唐、宋（金）、元、明、清时期科举考试之一，于659年由唐高宗首创。

可报考，考试合格者被称为“举子”“贡生”，这些人会由州府保举，前往京城参加省试。

南宋高宗之前的乡试，全国并没有统一时间，常发生考生异地冒名顶替、再考的情况。为了解决这一问题，1143年，宋高宗规定了全国统一考试时间：阴历八月十五日统一开考，因为是在秋季举行，所以也称“秋闱”，每闱三场，每场三昼夜。由于中间两次换场，因此实际考试时间是九天七夜。

省试，是全国举子考试，由尚书省礼部主持。宋代省试的考官与唐朝不同，不是由礼部某个固定的官员担任，而是由皇帝和大臣会商后临时任命，通常被称为“知贡举”，是个不固定的差遣性职务。那些顺利通过省试的学子，再顺利通过由皇帝亲自主持的殿试，便能实现“鲤鱼跃龙门”的最后一跃。

宋代在科举考试中采取了一系列预防作弊的措施，主要有以下几条：

第一，“锁院”制度。在确定了主考官和副考官人选后，会立刻将他们锁在贡院里，在此后一段时间里，他们无法与外界取得联系，这样考试的试题就不会被泄露出去。

第二，“弥封”制度。考卷收上来之后，会有专人用纸将试卷上考生的姓名、籍贯给糊起来，然后再交给考官，直到最后统计成绩时，才能拆封公布姓名。

第三，“誊录”制度。在考生交卷后，会有一批抄写手把考卷再誊录一遍，然后再交给考官，这样做可以防止考生在试卷上书写标记、暗语，也能进一步杜绝“弥封”措施可能出现的纰漏。

第四，“别试”制度。如果一些考官子弟参加了考试，那可能会为他们特设考场，还需要另派考官监考、阅卷，以防止作弊现象的出现。同时，对当朝大臣权贵的子弟，大多还要多复试一轮，防止有人利用权势拔高自己无能子孙的成绩。

明朝承继了前朝科举取士的制度，并发展出了自己的一些特点：考试一般定在子、卯、午、寅年举行，雅称“大比”，所以乡试这一年，也称“大比之年”；各级考试内容均出自儒家经典上的文句，而且只准用程、朱理学进行观点解答，不能有个人看法；答卷的文体也有严格规定，只准使用八股文。

什么是八股文呢？这是一种答卷形式，由破题、承题、起讲、入手、起股、出题、中股、后股、束股、收结等部分组成。破题要说明题意，承题要进一步阐释题意和文章主旨，起讲要开始议论，入手是用语言来引入正题，起股是总的论述，出题是点出题目的散句，中股与后股要发挥题意至文章重心，束股要将意犹未尽的话说完，收结在最后以完成全文。因为起股、中股、后股、束股都有两股对偶句，所以才有“八股文”之称。

在用字上，八股文同样有所限制，自 1778 年以后限 700 字。格式化的答卷形式，让考官有了一个固定的评判标准，使用八股文，也让科举考试变

明　仇英　观榜图卷

此图描绘科举放榜、举子们观榜的盛况。人物形象刻画细微，心理活动描绘十分深入。有奋力向前者，心情急迫；有观榜后消沉失落、被人扶掖而出者；有成竹在胸、施然缓步而来者；有按捺不住兴奋、欲快马飞报者；还有不关心、只为看热闹者。

状元游行

清朝状元游行，队伍宏大，描绘了状元及第后的热闹景象。

得更加规范化。但规范也会造成死板和缺乏创新，读书人为了做官，拼命诵读四书五经，然后用已被框死的八股文进行作答，谋取功名；不只是格式，读书人的思想也遭到了严重限制，在这种情况下培养出的年轻人，求得功名后，大多成为皇帝的奴才，毫无独立思想和创新意识。

科举考试始于隋朝，于唐朝得到完善，宋朝将其进一步发展，明清时期固化成为八股取士，1905 年最终被废除，历经 1300 多年。科举制度打破了门阀的限制，使文官队伍的整体素质和结构得到改善。只是这种仅依靠考试成绩来选拔人才的方式，并不利于考察人的综合素质。

行省制

宋之前，中央与地方的关系一直很紧张，军阀割据一方、藩镇林立、三国鼎立、唐末五代十国等割据势力就是其中的典型。在宋以前，地方割据是极为常见的现象，甚至说，宋朝其实也算个“割据势力”，只不过实力更强大一些，因为宋朝前后与西夏、辽、金、大理等多个政权并存。到了南宋，统治范围更是只有江南那一小块了。不过到了元朝，这种现象却近乎消失了，主要原因，就在于元朝的行省制度。

汉魏：从禁中到省中到中书省的演变

元朝的行省制度，是我国现代省制划分的雏形。行省是“行中书省”的简称。中书省是三省之一，另外两省是尚书省和门下省。三省制度初创于隋朝，在唐朝达到兴盛。“省”这个称呼是从何而来的呢？

我们先来看一个似乎不相关的词：禁中。

秦始皇为了表示自己地位崇高，规定了很多皇帝专用词，比如皇帝称自己为“朕”，用的印章叫“玺”，葬身的坟墓为“陵”。而住的地方则叫“禁中”，意为禁令森严、不许随意出入。像我们熟悉的北京故宫，是明清两代的皇家宫殿，当时叫紫禁城，取紫气为贵、禁令严格之意。只是后来，禁中又被称作了省中，这又是为什么呢？

古人有避讳的规矩，避讳对象主要是统治者、亲人或贤人。比如吕后叫吕雉，大臣们就只能叫雉为野鸡；东汉光武帝叫刘秀，秀才就要改叫茂才；司马迁的父亲叫司马谈，《史记》全篇就没出现过“谈”字。

西汉末年，有一位极有权势的皇后，被称作孝元皇后，名字叫王政君，她的父亲阳平侯就叫王禁。王政君的侄子王莽便把禁中改为省中。

这一被东汉废除的称呼，到了魏晋又被捡了起来。汉武帝时期，宦官成了主管文书的尚书，掌握机密要政，即“中尚书”，又名中书谒者。汉成帝时废除由宦者担任中书之制，改以士人为尚书（台阁），此制一直延续到东汉末年。

尚书台独掌枢要，地位日益重要。东汉末年，曹操自立为魏王，在建置魏国百官时，便设立秘书令，负责尚书奏事。魏文帝曹丕即位后，秘书令变为中书令，中书省也在此时成立，其官员多为士人，这与西汉时用宦者充任的中书有所不同。

此后，中书省与尚书台并行而立。原由尚书郎负责的文书诏令起草工作，先交给中书省官员负责，一些机密政要也逐渐转交给中书省负责。在这种背景下，尚书台的地位遭到了较大削弱。

西晋以后，曹魏创立的中书省为历代所沿袭，只有北周实行的是六官制。到了隋代，六官制遭到废除，改设内史省。唐朝时又将其更名为中书省，与尚书省、门下省三足鼎立。如此来看，三省都是中央机构，怎么又变成了地方机构呢？这个“行”字又该作何解释呢？

魏晋隋唐：地方最高行政机构的演变

魏晋以后，掌握军政大权的人在出征时会在驻扎的地方设立一个临时的政务机构，以代表中央来做出决策，这一机构被称为“行台”；如果在这一机构中任职的人职位较高，那也可以称这一机构为“大行台”。

清　禹之鼎　竹林七贤图卷

竹林七贤指的是三国魏正始年间（240—249年），嵇康、阮籍、山涛、向秀、刘伶、王戎及阮咸七人，先有七贤之称。因常在当时的山阳县竹林之中喝酒、纵歌，肆意酣畅，世谓七贤，后与地名竹林合称。

元　赵雍（赵孟頫之子）　马戏图

元　赵孟頫　元人射猎图

该组图描绘了元人出行、露营与狩猎的情形。画中元人各骑一马，各司其职。有的身背弓箭，有的手持猎物，有的策马狂追猎物，虚实结合，人景和谐生动。

蒙古时代的高脚杯

蒙古族箭袋和腰带

蒙古国燕京等地方的三断事官，对元朝行省制度产生的影响要更加直接一些。蒙灭金之后，为加强对中原地区的管理，窝阔台于1234年派原汗廷断事官失吉忽秃忽到中州任断事官，主要负责管理当地的汉人。在此之后，其又在阿姆河、别失八里设置了相同职能的断事官。上述这三个断事官，有以下四方面特点：

第一，由汗廷委派，直接对大汗负责，负责新征服地区的治理工作，其行为代表着大汗的意志。

第二，民政、财政、司法一把抓，拥有的职能极为广泛，还有“行六部”之类的分曹属官。

第三，带断事官职衔，与汗廷总治政刑的断事官互为表里，分管内外，这与金国在汴梁设置的行台尚书省类似，所以又被称为行台。

第四，由多人组成，共同治理，分别代表大汗和重要宗王。

上述的三个断事官，在性质、职能以及人员结构等方面，为后来元朝的行省制度打下了基础。虽在元朝初年，行省制度暂时被废黜，但这只是因为需要面对新的政治经济形势，并不代表行省制度就此终结。等到新的条件出现后，元朝又设立了新的行省机构。这新的条件就是：以忽必烈为首的蒙古上层，正式进驻中原大地，继续攻击南宋，统一全国，并用中书省等汉化组织去治理汉人。

在忽必烈统治的中前期，这种以行省特色处理政务的方式被频繁使用。按照职能的侧重点来划分，这种临时处理军政事务的行省，也可以分成讨伐型和理政型两类，前者可称为“军前行省”，后者则是“临时处理政务的行省”。这种临时行省主要有两个特征：

第一，行省执政官大多由一至两人担任，与之后的六至七人群体不同。

第二，带中书省宰职衔，临时被派到地方执行任务，事情办完后就撤销。

元朝：行省制度的演变、发展和完善

元朝统一全国后，大规模的征战也基本结束，行省的功能主要表现在对统治地区的治理方面。临时处理军政事务的行省逐渐减少，半固定化的行省数量慢慢变多。在忽必烈晚年，这些行省逐渐过渡成为地方官府体制，但想要完成这种过渡，一般需要满足四个条件：

第一，行省设置越发普遍，组织模式也渐渐固定下来。

第二，各行省辖区有明确的边界。

第三，群官负责制的形成和中书省宰执衔的撤销。

第四，行省官掌有军权，并不定期调任。

元朝所确立行省制度的一大特点，是采用了“犬牙交错”的原则去进行区域划分。这种方法有利于国家统一和中央集权，客观上促进了各族人民在经济、政治与文化方面的交流。

蒙古族人形象

第五章 思想文化

百家争鸣

若问谁才是中国历史上最伟大的思想家，不同的人可能会有不同的答案。在中国五千年的历史长河中，孔子绝对是重要的一位。但在春秋战国时期，却还有一些人能与孔子在思想上一争高下。

春秋时期，齐桓公设立稷下学宫，威王即位后进一步扩展。到了宣王即位时，政策更加开明，于是无论四方游士还是各国学者，都纷纷来到稷下学宫，儒、道、墨、法、名、兵、农、阴阳、小说、纵横……各家学派，会聚一堂，所谈论的话题包括了天人之际、古今之变、礼乐制度等，辩论起来非常热闹。大家在辩论中汲取各方观点，取长补短，谋求共同发展。此等盛况，便谓之为“百家争鸣”。

在那个百家争鸣的时代，不同思想的碰撞催生出了华夏极为璀璨的文化。

老子：道可道，非常道

稷下学宫虽学说百端，但官学却只一派，那便是黄老道家学派，简称道家，由老子创立，老子便是这第一个强于孔子的人。

老子，姓李名耳，字聃，约在公元前 571 年生于陈国，中国古代伟大的思想家、哲学家、文学家和史学家，道家学派创始人，同时是主要的代表人物。

其实老子和孔子还颇有渊源，孔子曾经问礼于老子，所以老子算是孔子的老师。等孔子回到鲁国后，有弟子向孔子问老子的为人，孔子回答道：“吾所见老子也，其犹龙乎？学识渊深而莫测，志趣高邈而难知；如蛇之随时屈伸，如龙之应时变化。老聃，真吾师也！”由此可见孔子对老子极为推崇。在他的眼中，老子的水平是远高于自己的。

老子像

来自《历代帝王圣贤名臣大儒遗像》，画中老子目视远方，神情祥和。

老子的思想主要是对“道”的诠释，“道”字在《道德经》一书中出现了七十三次，天道自然无为是《老子》一书的主旨。道是一种混沌未分的初始态，无为自化，清静自正，是天地之始，万物之母，为化生万物的根源；道常无名，无为而无不为，它像水一样，善利万物而

明　唐寅　老子骑牛图

绘老子坐于青牛背上，手持《道德经》卷，正抬眼注视着一只飞蝠。

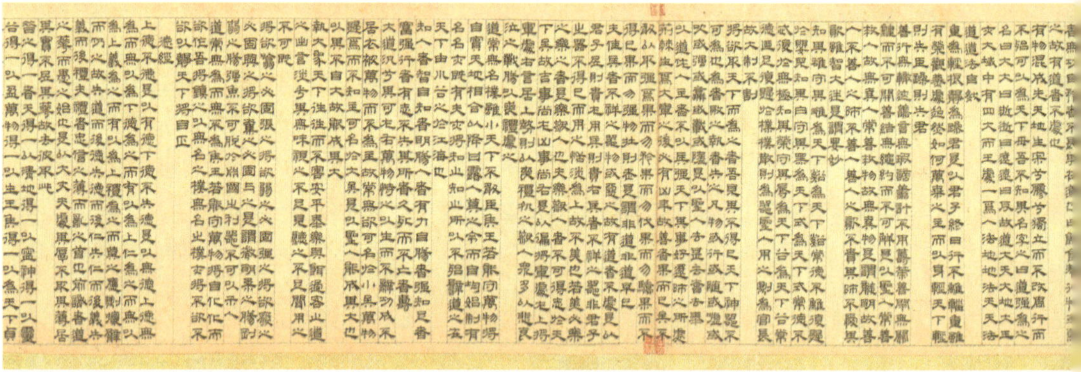

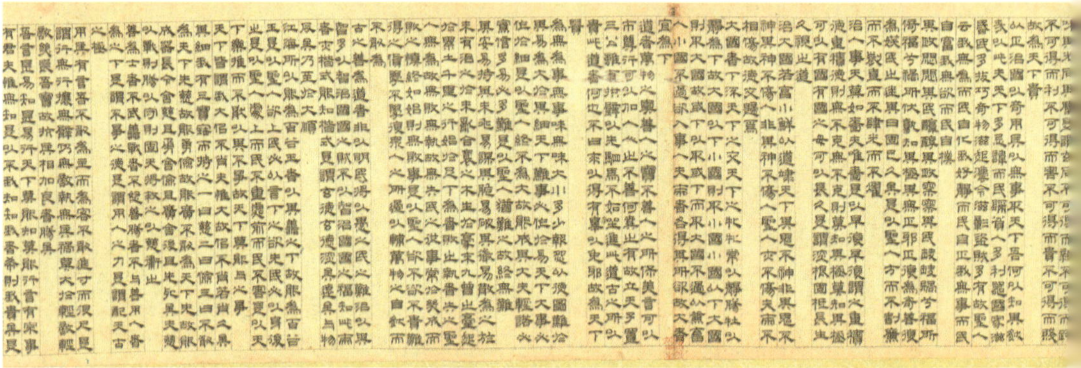

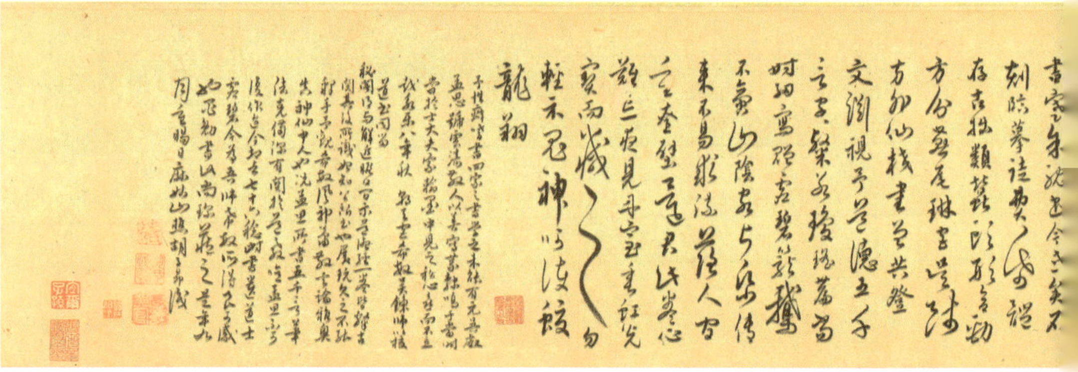

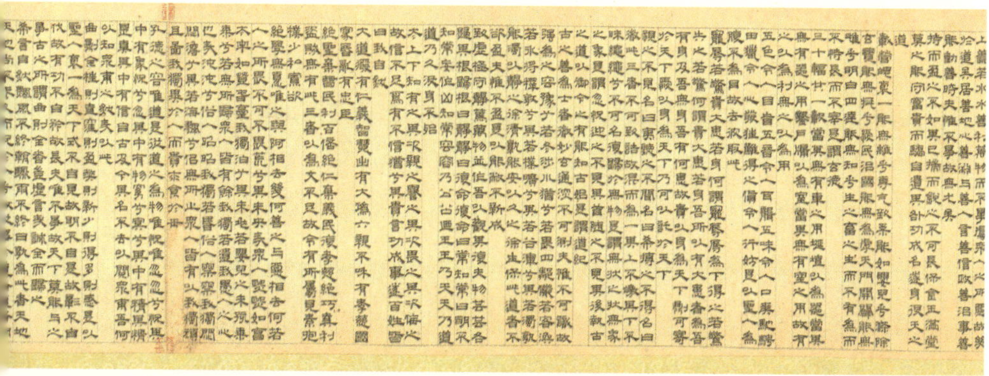

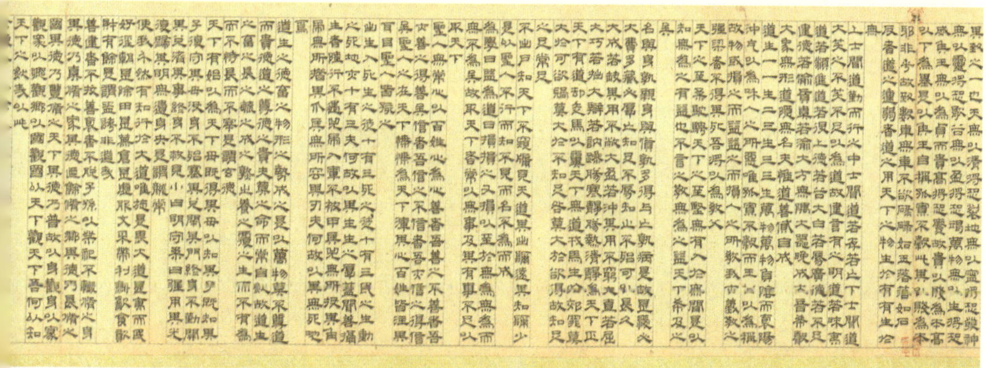

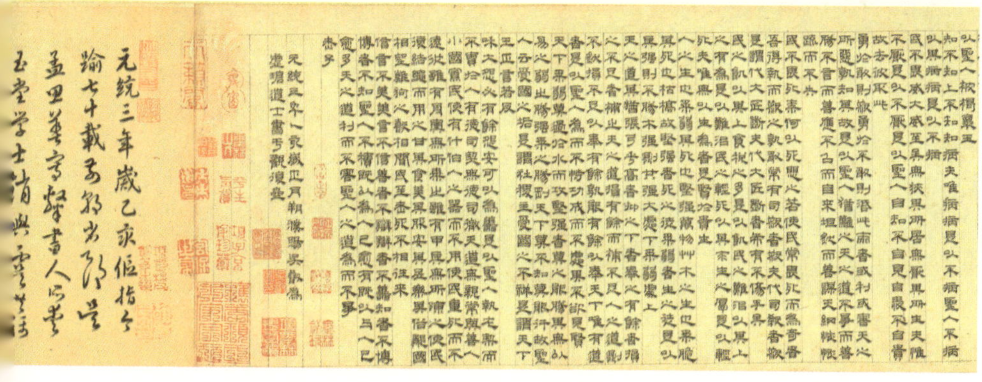

老子授经图卷　传元代　盛懋作　吴叡　隶书道德经

卷首为元代画家盛懋（款）白描《老子授经图》，其后为吴叡隶书老子《道德经》全文。

不与万物争，以柔弱胜刚强，是最高的善；道是不可言说的，人的感官也不能直接感知，视之不见，听之不闻，持之不得。道既是宇宙的本体，又是万物的规律，还是人生的准则。

道作为天地万物存在的本原与本体，缔造、成就了天地万物。但道成就天地万物，并非有意作为，而是完全出于无意，完全是自然而然。

老子曰："人法地，地法天，天法道，道法自然。"自然者，自得其然也。自然是对道之状态与作为的形容，而非道之外更有一实体的自然。"生而不有，为而不恃"，一切因其自然，一切顺其自然，这就是道的本性。

道之本性是自然无为，但正是这种无为，成就了有为；正是因为无为，成就了一切。这种现象被老子加以哲学地高度概括，就是"无为而无不为"。"无为而无不为"，不仅是道之大德、大用，同时是支配天地万物之最根本规律，是个人安身立命之根本法则，是所谓"道理"。

老子认为世界上的任何事物都是相比较而存在的。美丑、善恶、有无、难易、长短都是相互依存的，有此才有彼，有是才有非，有善才有恶。表面

明人绘　老子玩琴图

看，正负相反的两方是相互对立的，而实际上又是相互包含、相互渗透的。“祸兮，福之所倚；福兮，祸之所伏。”任何事物都是你中有我，我中有你，都不是一成不变的。

老子认为，道之本性即是自然无为，自然无为乃支配宇宙万物的根本规律，也是人类应当信守的基本行为准则。从无为的原则出发，老子反对人之有为，因为有为破坏了人的原始的自然纯朴，造成了人格的分裂，带来了虚伪、狡诈、贪欲、罪恶等种种社会丑恶现象。

道是老子思想的核心，道的本性即是自然，出于对自然的推崇，老子也很推崇素朴和稚拙。素朴、稚拙作为一种美的形态，在中国古代一直受到人们的赞颂，与此对立的华艳、轻浮历来为人们所蔑视，这一倾向即受到老子思想的影响。

墨子：居然是科学家

“天地君亲师”，向来为古人所推崇，师者为尊，老子既然为孔子周礼方面的老师，强于孔子自是不必多言。那另一位强于孔子的墨子呢？他未教过孔子，所创立的也是一个比较新兴的学说，他比孔子强在哪里呢？

墨了，名翟，生丁春秋战国时期，是著名的思想家、教育家、科学家和军事家，墨家学派创始人和主要代表人物。他的学说在先秦时期产生过很大的影响，与儒家并称“显学”。在重要性上，二者可以说不分上下。

在当时的百家争鸣中，有“非儒即墨”的说法，孔、墨二人的出身也有很多相像之处。孔子的祖上是宋国没落贵族，而墨子的先祖是殷商王室，他是宋国君主宋襄公的哥哥目夷的后代。目夷生前是宋襄公的大司马，后来，他的后代因故从贵族降为了平民。

墨家学说的主要观点包括“兼爱”“非攻”“尚贤”“尚同”“天志”“明鬼”“非命”“非乐”“节葬”“节用”等，兼爱是墨子思想的核心，节用、尚贤则是其支点。

除此之外，墨子也比孔子更具科学精神。早在两千年前，记录了墨子理论的《墨经》中，就包含了“小孔成像”“重力运动”“杠杆理论”等科学原理，创立了以几何学、物理学、光学为代表的一整套科学理论。从学术意义上来说，堪称领先当时一个时代。

所以，墨子也可以称为中国历史上最早的科学家。后世很多划时代的发明与经典工程，都可以从《墨经》中找到源头。墨家学派，因为其特立独行的风格，在后世常常被不停遮盖，但即便如此，仍然难以掩盖其迷人的风采。

孟子：千年后才出名

说完两位其他学派的人物，让我们再回到儒家学派，谈谈除孔子外另一位著名的人物——孟子。在我们的印象中，孟子与孔子并列，有“亚圣”之称。但在北宋之前，孟子远没有那么高的地位，虽然社会上也流传着施“仁政”和“民贵君轻”的思想，但并没有与孔子并称为“孔孟”的说法。孟子地位的提升要等到唐代，而促成这一现象的人物是韩愈。

唐朝前期，孟子的地位不高。最早的变化，出现在安史之乱刚平息的763年，礼部侍郎杨绾上疏，建议政府把《孟子》增为明经的科目之一。此事虽然未被允许，却开创了《孟子》由“子”升“经”运动的先河。

而真正拉开这项运动序幕的，则是之后的韩愈。韩愈是最先把孟子名字升到孔子之后的人，他首次提出了儒家的“道统”：“尧以是传之舜，舜以是传之禹，禹以是传之汤，汤以是传之文、武、周公，文、武、周公传之孔子，孔子传之孟轲。轲之死，不得其传焉。”韩愈认为提高孟子地位，共有两点理由：一是唯有孟子得孔子“真传”；二是孟子有“卫道”之功。韩愈用尊“孔孟”取代唐初以来的尊“孔颜”的这一举动，并没有产生多大的影响。

北宋立国伊始，国子监所祭仍为“孔颜”，《孟子》仍未进入明经科目。

孟母教子图

孟子父亲去世得早，母亲克勤克俭，含辛茹苦抚育儿子，从励志、敦品、勉学等多个方面教导孟子，数十年如一日，才成就了孟子。

但到了宋仁宗庆历年间，提高孟子地位的运动，则又被范仲淹和欧阳修等人重新唤起。到宋神宗熙丰年间，《孟子》由“子”升“经”运动达到高潮。当时学派纷起，学者众多，以二程的“洛学”、张载的“关学”和王安石的“新学”的影响最大。这几派都属于“尊孟”之列，虽然他们之间的政见并不相同。

邹国“亚圣”公孟子画像

宋朝南渡后，“尊孟”一事终于被统治者完全接受。宋高宗将《孟子》列入御书“石经”，学界“尊孟”的现象则更为普遍：朱熹幼时读《孟子》，一生致力于《语》《孟》《学》《庸》的研究，精心撰成了四书的《集注》和《或问》，陆九渊自称其学“因读《孟子》而自得之”，其思想与孟子的关系比朱熹更近。到1244年，宋理宗正式承认程朱“道统”上接孔孟。至此，《孟子》由“子”升“经”运动基本完成。

庄子像

庄子：还是个文学家

庄子，名周，战国中期思想家、哲学家，道家学派代表人物，与老子并称“老庄”。除此之外，他还是个伟大的

▶ 明　仇英　南华秋水图

《南华秋水图》取材于庄子的《秋水篇》，写河神与海神的一段对话，借水来论述宇宙与世事间的相对关系。

明　周臣　北溟图

“北溟”语出《庄子·逍遥游》，图中背景结合卷扬的波涛，似隐喻一个人要有雄心壮志，大展宏图。

文学家，他的行文瑰丽奇特，想象力雄奇奔放，语言灵活多变，叙理时引人入胜，有着“文学的哲学，哲学的文学”之称。

庄子一生撰文十多万字，与门人合著有《庄子》。此书代表了战国时代中国思想和文学语言最为高深、奇妙的水平，是中国古代典籍中的瑰宝。庄子的文章想象力丰富，极具浪漫主义情调，讲道理一般用寓言的方式，兼具幽默和讽刺，深刻地影响了后世的文学语言。

“意出尘外，怪生笔端。”庄子的文章打破了语录体的格式，标志着先

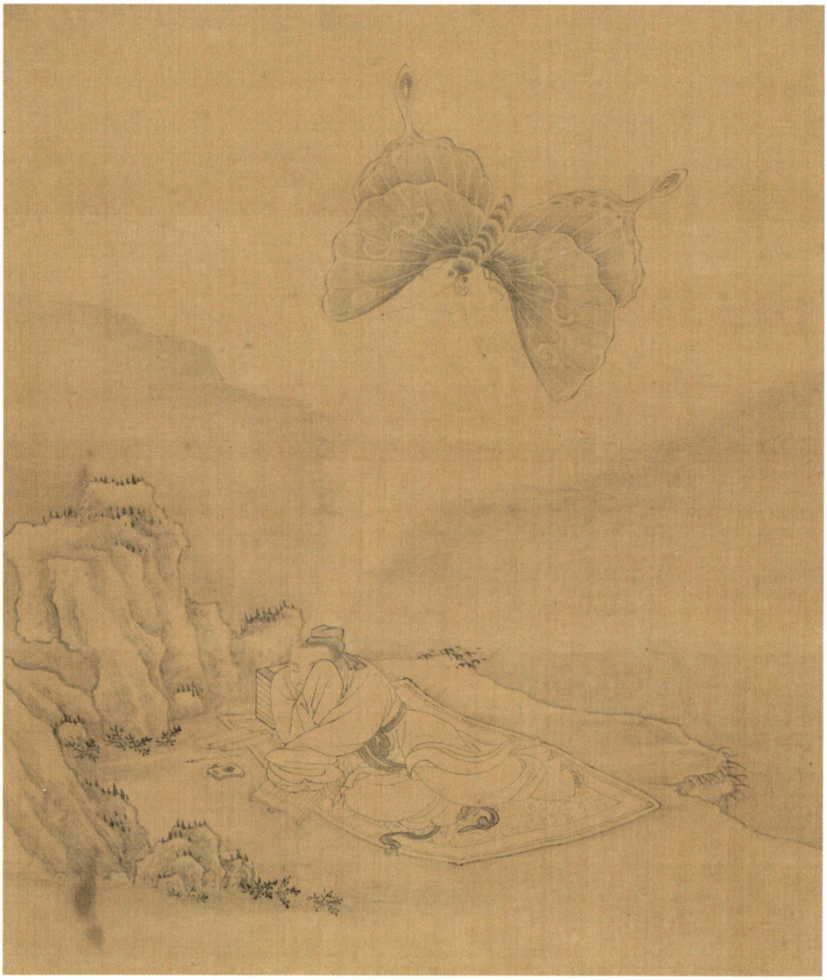

清人绘 庄周梦蝶图 旧归钱选

来自《庄子·齐物论》，庄周在睡梦中不知是做梦变成了蝴蝶，还是蝴蝶做梦变成了庄周。

秦散文已经发展到了成熟的阶段，可以说，《庄子》代表了先秦散文的最高成就。

韩非子：成就秦始皇

韩非，又称韩非子，生于战国末期，是法家学派的代表人物，著名哲学家、散文家。韩非未能在自己的韩国受到重视，却得到了秦始皇的赏识。韩非将商鞅的“法”、申不害的“术”和慎到的“势”集于一身，是法家思想的集大成者，他的理论促成了中国第一个统一专制的中央集权制国家。秦始皇嬴政曾说：“寡人得见此人与之游，死不恨矣！”韩非虽为李斯所害，但他的思想却被秦王所用，成为秦国的指导思想。

春秋时期，社会变化飞快，很多问题需要解决。到了战国时期，各种思想流派并起，如儒、法、道、墨等，他们写书讲课，相互争论，促成了学术上的繁荣，后世称为百家争鸣。百家争鸣是中国历史上第一次大规模的思想解放运动，中国思想文化发展的基础由此奠定。

孔子创立儒家学说

孔子作为一代圣人，我们对其又有多少了解？比如，他出生在怎样的家庭？他的那些深邃的学问从何而来？他拥有着怎样的成长轨迹？儒家主要讲的又是什么？

初涉世便知仁和礼

《史记》中说，孔子生在鲁国昌平乡的陬邑。孔父嘉是其六世祖，在宋国担任大司马。孔父嘉有一个漂亮的妻子，被太宰华父督看中了，于是华父督杀掉了孔父嘉，霸占了他的妻子，孔父嘉的后代只能逃到鲁国。

孔子的父亲孔纥，字叔梁，通称叔梁纥，曾娶过三个妻子：第一个妻子生了九个女儿；第二个妻子生了个跛腿的儿子；到了第三个妻子颜徵，才终于生下一个身体健全的男孩，那就是孔子。在孔子 3 岁时，父亲叔梁纥过世，年轻的颜徵带着孩子从乡下迁到了鲁国都城，在一条名为阙里的街巷中定居下来。

鲁国是周公旦的封地，素有“礼乐之邦”之称。孔家搬到这里，可以让孩子接受较好的文化教育。

孔子 17 岁时，母亲去世，从此他便一个人生活，在鲁国的季孙氏门下，先后获得了三份工作——“乘田”“委吏”和“助丧”。“乘田”负责管理牧场，“委吏”负责管理仓库，“助丧”负责承办丧事，都属于身份比较低下的小吏。即便如此，孔子仍很认真努力地完成好自己的每一份工作。

只是，孔子不在意，并不代表别人不在意。有一次，季孙氏设宴招待宾客，孔子欣然前往，却被季孙氏的家臣阳虎赶了出来。这让他深刻意识到：这个社会是不能缺少“仁”和“礼”的。

公元前 533 年，孔子 19 岁，他结了婚，并在第二年有了自己的儿子。鲁国国君昭公知道后，送来一条鲤鱼祝贺，孔子便以此为名，叫儿子作孔鲤。

马远绘　孔子像

从中都宰到大司寇

通过这些工作，孔子提升了才干，也对社会人情更加了解。此后不久，孔子先升为管理鲁国营建的司空，后又在鲁昭公的支持下，来到东周王都洛邑，跟史官老子学习周礼。这不但开阔了孔子的眼界，坚定了他“君子儒”的信念，同时，他也深深被老子的学识和修养打动，无论心境还是学识，都得到了极大的提高。

公元前 501 年，季孙氏家族的季桓子掌控了鲁国实权，孔子被任命为中都（今山东省汶上县）宰。孔子在任上十分努力，美名远扬，于是，很快又由中都宰升迁为司空，管理建筑；之后又升迁为大司寇，管理司法。此外，孔子还暂任过三个月的宰相。

这三个月里，卖猪、羊的商人不敢哄抬物价；男、

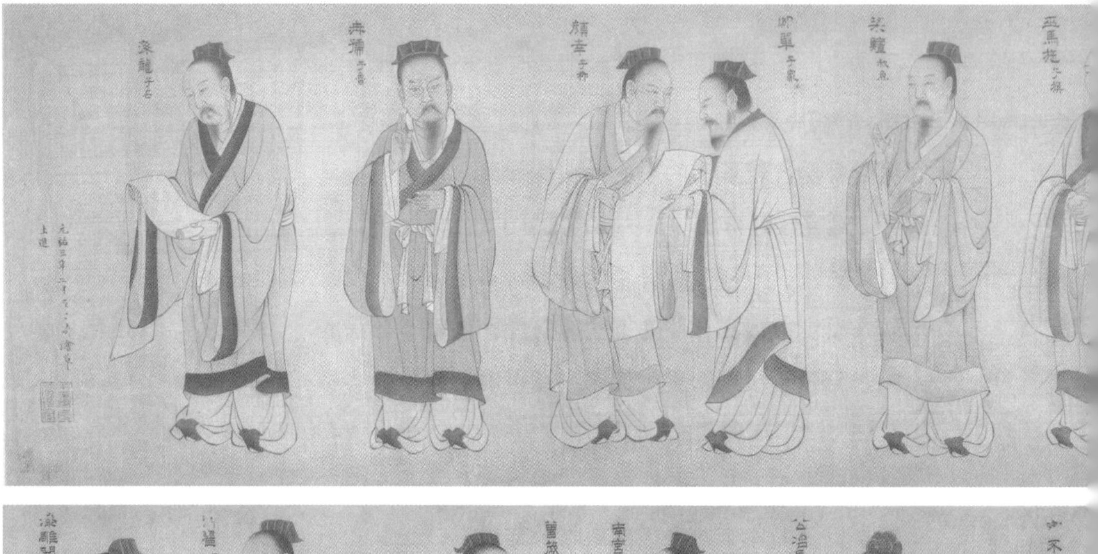

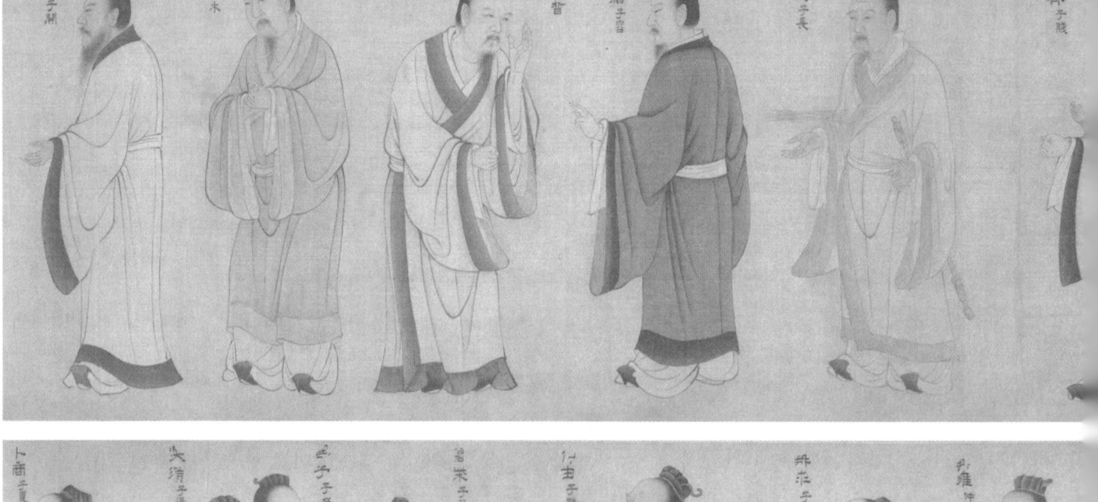

宋　孔子弟子像卷

女都分开走路；东西掉了，也没人捡；到了鲁国城邑的旅客，不必向对司打点，也能获得照顾。为什么在孔子的治下，鲁国能够出现如此喜人的变化呢？

我们可以从孔子自己说的话中找到答案：“为政以德，譬如北辰，居其所而众星拱之。”这句话的意思是，以德治国，自己就会像北极星那样，坦然处在自己的位置上，得到群星的围绕。若领导者能够施行仁义，下属也必会成为有德之人。孔子认为，用道德的力量进行管理和约束，是一种比较完美的境界。正当孔子践行着他的政治主张时，齐国的国君齐景公却认为鲁国的稳定是对齐国的一种威胁。

于是，公元前500年春，齐、鲁国君约定双方在夹谷进行会盟。孔子时任大司马，他认为齐国来者不善，便建议除自己之外，还需左、右司马一同前往。鲁定公采纳了孔子的建议。

两位君王在夹谷相会后，施以简略的礼节，拱手揖让登台。双方馈赠仪式过后，齐国的有司快步上前请求说：“请演奏四方各族的舞乐。”于是齐国的乐队以旗为先导，头戴羽冠，身披皮衣，手执矛、戟、剑等兵器，喧闹着蜂拥而上。孔子看在心里，觉得十分不是滋味。

于是，他一步一个台阶，快步走上前去。当离最高处的台阶还差一级时，孔子举袖一挥，说道：“这是双方友好相会的地方，为何要让夷狄的舞乐在此现丑？请命令有司叫他们下去！”齐景公只得挥挥手，让乐队退了下去。

不一会儿，齐国的有司又快步上前道：“请演奏宫中的乐曲。”于是齐国的戏谑艺人和矮小的侏儒边舞边唱地走上台。孔子仍依法炮制，在最后一个台阶处说道：“迷惑戏弄诸侯的百姓，按罪当斩！请命令有司去执行！”有司只得依法执行腰斩，这些齐国的戏谑艺人和矮小的侏儒当即身首异处。

夹谷之会后，齐国君臣很担心鲁国在孔子的指导下会慢慢强大起来。于是，齐景公从齐国挑选了八十名善于舞蹈的美少女，穿上华丽的衣服，另带身有花纹的马三十匹，一并送给鲁定公。鲁定公很高兴地接受了这一切，很快沉溺其中，渐渐地荒废了政事。孔子知道后，明白自己无法再在鲁国有所作为了，只能带着弟子就此离开，开始了周游列国的生涯，这一去就是14年，那年孔子55岁。

艰难的周游列国路

卫国是孔子周游列国的第一个国家，至于原因，主要有以下四点：

第一，卫国与鲁国是兄弟之国，而且政治平稳，经济文化也比较发达；

第二，孔子的好朋友蘧伯玉就在卫国；

第三，孔子也有很多学生来自卫国，社会关系广泛；

第四，孔子比较欣赏卫国的一些大臣。

但这次卫国之旅却只持续了十个月，这又是什么原因呢？

孔子一行来到卫国都城帝丘后，卫灵公热情地接待了他们。但很快，在卫国大夫公叔文子死后，其子公孙戌与同伙一起，预谋除掉卫灵公的夫人南子及同党，被南子发现，公叔戌被迫逃到鲁国。而孔子之前与公叔文子和公叔戌交往密切，因而也遭到了卫灵公的猜疑。孔子一行只得无奈地离开卫国，取道南下陈国。

去往陈国要经过匡城，这一次，孔子又因长相遭遇了危险。司马迁在《史记》中曾多次描述孔子的长相，如：孔子刚出生时头顶中间下凹，四周隆起；孔子身高九尺六寸，人们都称他为“长人”，觉得他和一般人不一样。这长相虽特别了些，但似乎也没什么，坏就坏在他和一个人长得太像了，那个人就是孔子的死敌阳虎。匡城的人误以为孔子是曾经残害过他们鲁国的阳虎，将孔子整整围困了五天。此时的孔子从容不迫，派随从向卫国的宁武子称臣，然后在宁武子的帮助下，脱离了险境。

一个多月后，孔子再度返回卫国，住在蘧伯玉的家里。后来，孔子又先后前往曹国和宋国。后来又经郑国到陈国，正赶上晋、楚争霸，两国轮番讨伐陈国。孔子只得离开陈国，三度来到卫国。此时，卫灵公因为年老而懒于政务，孔子只好再度离去。其后孔子又往返陈、蔡两国多次。

据《史记》中记载：因楚昭王来聘孔子，陈、蔡大夫围住孔子，使其绝粮七日，解围后，孔子来到楚国。不久楚昭王去世，新即位的君王并不重用孔子，刚好此时卫国表现出了对孔子的赏识，于是他第四次去到了卫国。在那里的孔子虽拥有着“养贤”的礼遇，但不受重用，仍是壮志难酬。

公元前484年，鲁国的季康子派人迎接孔子回国。孔子于是回归了鲁国。

回到家乡后的孔子，被人尊为“国老”。鲁哀公与季康子虽常以政事相询，但始终未委其要职。孔子此时年龄也很大了，也便不再奢求什么，而是投身到了文献整理和教育工作之中。

公元前479年，孔子去世，享年73岁，被埋葬在鲁城北的泗水岸边。弟子们服丧三年后，都各自离去。唯有子贡在墓旁搭了一间小屋，默默守了六年。弟子们与鲁国的其他人，前往墓地居住的多达一百多家，因而这里被命名为“孔里”。

自此，每年按时到孔子墓地祭拜，成了鲁国世代相传的习俗。儒生们在孔子墓地讲习礼仪，举行乡饮、射箭等活动。孔子生前居住的堂屋及弟子们居住的内室，被改成庙，用于收藏孔子用过的衣冠、琴、车、书籍等物，直至汉代二百余年仍未废弃。高皇帝刘邦经过鲁地，用太牢礼祭祀孔子。诸侯卿相一到任，常常先去孔子墓拜谒，然后才去处理政务。

孔子是中国著名的大思想家、大教育家，是儒家学派的创始人。“有教无类”的办学思想打破了贵族垄断教育的局面，使私学得到了很好的发展，在教育发展史上具有划时代的意义。儒家思想不仅影响着中国，也广泛影响着世界，孔子就是中华民族文化精神的象征。

司马迁撰写《史记》

人生天地之间，死亡是一个躲不掉的巨大梦魇，人们总想要挣脱它，得到永生，渴望“与天地同寿，与日月同辉”。可历史上却有这么一个人，看破名利，执笔立于生死之间，在笔尖上书写出生命的辉煌。他就是撰写了《史记》的司马迁。他是如何撰写了这部伟大著作？鲁迅为什么称《史记》为“史家之绝唱，无韵之离骚”呢？

学游天下，父授遗命

司马迁的人生可分为两段，以 48 岁为分水岭，以受宫刑为标志。

《太史公自序》云：“迁生龙门。”龙门在何处，说法不太固定，有说在今陕西省韩城市，也有说在今山西省河津市。司马迁曾说过，他少年时曾“耕牧河山之阳”，也就是说他小的时候曾经干过农活儿。

后来，司马迁的父亲司马谈到长安做了太史令，他就跟着父亲来到了长安。在父亲的指导下，他刻苦读书，拜了很多名宿做老师，打下了深厚的文化基础。

司马迁的家族世代都是史官，作为史官，司马谈想要整理中华民族千年的历史，撰写出一部史学著作。于是，他便开始收集阅读史料，为修史做准备。只是他知道自己年龄已经很大，很难一个人完成这部著作，便把希望寄托到

司马迁

家学渊博，38岁时正式做太史令。后因为李陵辩护遭受腐刑。他忍受着身体和心灵的巨大折磨，为完成他父亲的遗愿撰写《史记》，并于公元前91年完成全书。

儿子身上。他在儿子有了一定的文化基础后，便让他外出旅游两年，以增长见识，开阔眼界。

于是司马迁在满20岁那年就出发了，这次漫游也算是为撰写《史记》所做的一次实地考察。在旅行中，他深入访查，获得了大量的一手材料，保证了《史记》的真实性和科学性。司马迁的这次漫游，也体现了《史记》的实录精神。

司马迁来到汨罗江畔，看着江水茫茫，朗诵着屈原当年所作之诗，不觉悲从中来，泪流不止。这段穿越时空的情思，被他注入笔尖，成就了《屈原列传》的经典。他在曲阜瞻仰了孔子的墓，和那些儒生在一起揽衣挽袖、一步一揖，学骑马、学射箭、学行古礼，以示对孔子的纪念。

一路走，一路感悟，一路风霜，化成笔端种种。漫漫旅途，他寻到了古籍中未曾见到的材料，对人情世故也有了更深的了解，秀美的湖光山色也给予了他笔下流淌的灵气。

李陵之祸，痛下蚕室

正当他准备挥毫创作《史记》时，祸端却落到了他的头上。

公元前99年夏，武帝派李广利领兵征讨匈奴，另派李广的孙子李陵随军押运粮草。

李广利带领步卒五千人出居延，孤军深入浚稽山，遭遇匈奴八万骑兵，致使李陵遭到围攻。战斗连打了八天八夜，李陵斩杀一万多敌兵，因为得不到救援，致使弹尽粮绝，被敌军所俘而投降。

这一消息传到长安，汉武帝十分愤怒，他认为李陵应当战死沙场，不应该投降。而满朝文武官员如哈巴狗一样，纷纷说李陵是没骨气的孬种，根本就忘记了几天前自己还说过李陵作战勇猛，是个难得的人才。这让人想起了传统评书《杨家将》的一个情节，老令公杨继业因为潘仁美不发兵救援，被敌人逼得走投无路，碰死在李陵碑前，这似乎也是在嘲笑李陵没骨气，你为什么不战死呢？即便错不在你，你也努力争取过了。这不可悲吗？封建统治下，臣子永远是君王的臣子，君要臣死，臣不得不死。

汉武帝最后问到了太史令司马迁的头上，也许他只想再多得一个附和，但他错了，司马迁是一名史官，他客观且疾恶如仇，于是他坦白地说道："李陵只率五千步兵，深入敌阵，在救兵未到、弹尽粮绝的情况下，仍然斩获颇丰，此次降敌，想来是准备先保全性命，日后有机会再报答汉室。"这番话确实有理，但说给听的对象却错了，虽然也有着安慰汉武帝之意，却让皇帝认为他这是在为李陵辩护，同时指责二师将军李广利办事不力。司马迁的直言惹来了汉武帝的盛怒，他下令将司马迁打入大牢。

司马迁被关进大牢以后，就落到了酷吏杜周手中，受尽了各种酷刑，但他始终不屈服，也不认罪。他不明白，自己只是发表了些意见，为什么就要遭到这样的待遇？

不久，又出现了李陵带匈奴兵攻打汉朝的传闻。汉武帝信了，于是李陵的母亲、妻子和儿子都被杀，司马迁也因此被判了死刑。按照汉朝的刑法，获死刑可有两种办法减免：一是拿钱，五十万买你一条命，司马迁只是个贫穷的小官，哪有钱？二是受"腐刑"，遭受了腐刑，可以让你生不如死，摧残着你的肉体和精神，把你的人格扔进尘埃，再狠狠地跺上几脚。

那就死吧！死了，能一了百了，但就这样死了，后世会怎样看自己呢？一个仗义执言被处死的史官？也许不错，但还是太卑微、太渺小了。人终有

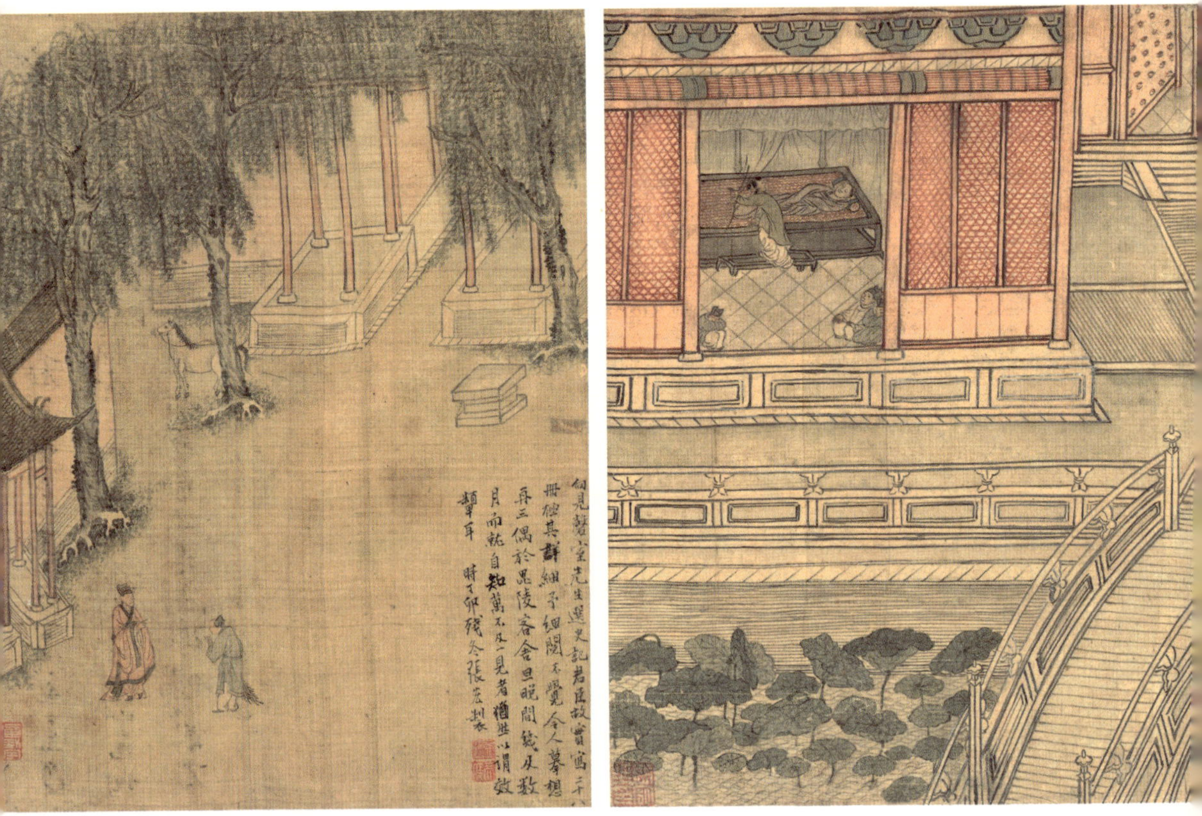

史记君臣故事图

一死，“或重于泰山，或轻于鸿毛”，他不要做鸿毛，他还有自己未完成的事业，一个个生动的形象在此刻浮现在他的眼前，孔子、屈原、左丘明、孙膑……身遭屈辱，却不屈于世，于尘埃中奋起，开出最璀璨的花朵！《史记》就是他最美丽的花朵。司马迁选择了腐刑，他的痛苦无法对外人言说，但他没有怨恨，也不再害怕，活下去是他唯一的信念。一本著作，已经被赋予不屈的灵魂。

发愤著书，《史记》得传

被施以腐刑的司马迁遭受了三年的牢狱时光，即使在这一段时间里，他也未曾中断《史记》的创作。

司马迁在出狱后成为中书令，主要职务是“领赞尚书，出入奏事”，就是把各部尚书的奏章呈现给皇上，把皇上的圣旨传达给大臣们。此职务一般是由宦官担任，由此也能看出汉武帝对他的看法，但司马迁明白，自己不是为了做官活下来的，中书令、朝廷的事务根本引不起他的兴趣。

出狱后的司马迁须发脱落、形容枯槁、弱不禁风，常常精神恍惚，他自己在《报任安书》里边这样写道：“居则忽忽若有所亡，出则不知所如往。”他常觉精神涣散，不知怎么回事，或是走着走着，突然不知身处何处。

在中国古代，这种被阉割的人常常遭人鄙视，司马迁自然也被视作了“无行之人”。他的好朋友任安也不理解他，写信劝他谨慎行事，多向国家举荐人才，这其实也是一种委婉的批评。

写《史记》是司马迁摆脱痛苦、保持清醒的唯一事情，这个伟大的理想始终支撑着他，伴他度过一个个难熬的春秋冬夏。

公元前93年冬，司马迁给他的朋友任安写了一封信，这就是著名的《报任安书》。在这封信里面，他讲述了自己对李陵的看法，以及遭受宫刑后的一些心境。在这封信的最后，他郑重地宣布：《史记》完成了。

史家绝唱，无韵离骚

《史记》全书共130篇，52万多字，分本纪、表、书、世家、列传五部分。

鲁迅称《史记》为“史家之绝唱，无韵之离骚”。“史家之绝唱”是从史学的方面对《史记》做出的评价。《史记》是我国第一部纪传体通史。从时间上来看，它记录了从黄帝到汉武帝三千年的历史演变。从地域上来讲，《史记》不仅记录了中原王朝的政治局势，还开创了民族史传，记录了中国少数民族的历史发展。更有价值的是，《史记》着眼于世界，描述朝鲜及大宛、乌孙、康居、大月氏等中亚各国的社会形态、人情风貌。在传记方面，《史记》不仅描写了历代帝王将相，还将农民领袖、游侠、刺客、学者、医生、商人、妇女纳入其中，涵盖了社会的各个阶层。从内容上来讲，《史记》包罗万象，涉及政治、军事、经济、文化、天文、地理、民族、医学、宗教和其他学科。

《史记》是一部完整的百科全书，是中国古代文明的杰作。书中各篇无

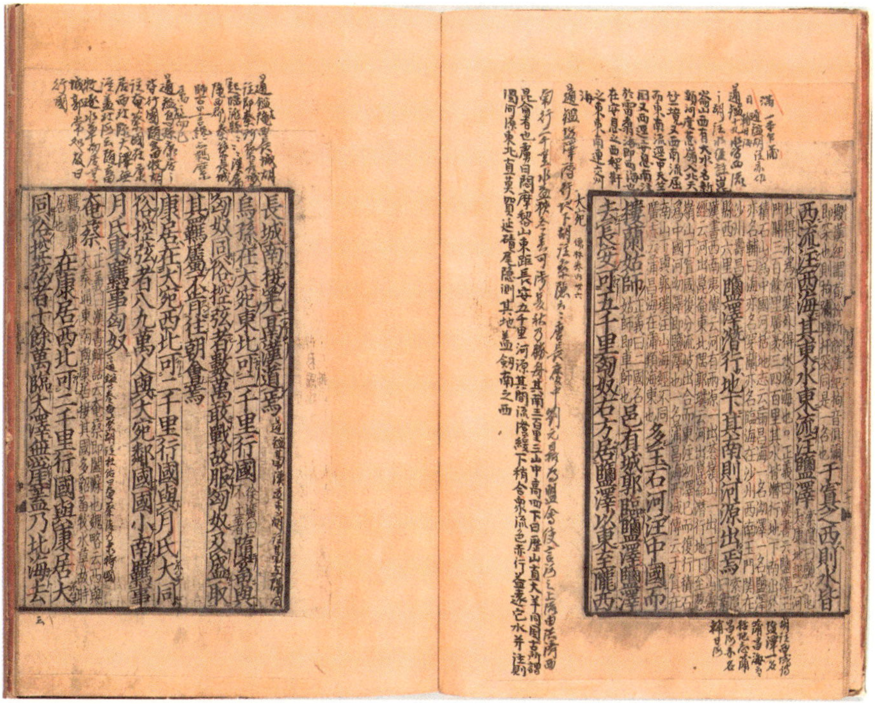

于窴之西則水皆
西流注西海其東水東流注鹽澤
鹽澤潛行地下其南則河源出焉
多玉石河注中國而
樓蘭姑師邑有城郭臨鹽澤鹽澤
去長安可五千里匈奴右方居鹽澤以東至隴西
長城南接羌鬲漢道焉
烏孫在大宛東北可二千里行國
隨畜與匈奴同俗控弦者數萬敢戰故服匈奴及盛取
其羈屬不肯往朝會焉
康居在大宛西北可二千里行國與月氏大同
俗控弦者八九萬人與大宛鄰國國小南羈事
月氏東羈事匈奴
奄蔡在康居西北可二千里行國與康居大
同俗控弦者十餘萬臨大澤無崖蓋乃北海云

日本内阁文库藏南宋黄善夫刻本《史记》

不洋溢着其进步的历史观念，这对中国史学的发展是大有帮助的。《史记》中的美丑都是那样的真实，历史的发展和其中蕴含的经验教训都被客观、公止地表达了出来。也正因如此，才会受到历朝学者的赞扬，客观公正也成为书写历史的最基本要求。《史记》继承了先秦时期的唯物主义传统，创立了朴素唯物主义的历史哲学，真正做到了司马迁自己所说的“究天人之际，通古今之变，成一家之言”。

“无韵之离骚”则是对其文学方面的评价。

首先，《史记》人物形象非常丰富生动。因为司马迁根据不同人物的性格特点，选用不同的材料。在为人物写传时，作者尽量不概述，而是选择主要事件，对人物活动进行详细的描述，以突出人物的性格。

其次，《史记》也在语言使用方面进行了创新。司马迁善于根据人物身份，选择最符合的口语。

最后，《史记》还大量引用民谣、谚语和俗语，这种语言简洁，极富战斗力和表现力，使得作者在评价历史事件和人物时，更加直接有效。

深厚的文学底子，让司马迁在处理文字时游刃有余。即便是很复杂的事件，他也能安排得非常妥当。他的感情充沛，笔力洗练，而且可以站在一个很高的视角，对不同事件提出自己的见解。其中，《廉颇蔺相如列传》被列入小学语文教科书，并改称为《将相和》。

此前的中国古代，史学包含在经学范围中，一直没有自己的独立地位。自司马迁修成《史记》以后，后世作者继起，专门的史学著作越来越多，史学一门才在中国学术领域里取得了独立地位。饮水思源，这一功绩应该归于司马迁和他的《史记》。

罢黜百家，独尊儒术

在儒家学说中，孔子倡导“仁”，重视礼乐秩序，讲述道德修养；孟子则主张统治者行“仁政”，还为统治者理所当然地统治人民提出了一条理论——劳心者治人，劳力者治于人。

这些思想主张有一定的社会适应性，但最大的问题是没有强调封建专制主义中央集权，而法家恰恰是这一主张的代表学说。韩非子则是法家代表人物，这一主张指导着秦始皇横扫八荒，一统六合。所以秦朝建立后，法家自然也成为国家的主流思想。为了限制思想传播，秦始皇还进行了焚书坑儒的运动，沉重地打击了儒学的发展。

只是这备受打击的儒学思想，在秦国灭亡后，又凭借着深厚的社会基础，以星火燎原之势，在汉朝迎来了新一轮的爆发，甚至达到了“罢黜百家，独尊儒术”的程度。大家不禁会好奇，是谁推动了这一运动？这项举措的提出，有着怎样的社会背景，又会对古代社会产生怎样的影响？

西汉前期诸多社会问题

西汉的国家制度承自秦朝，又有所不同。因为秦帝国衰亡得太快，这让汉朝统治者认识到治理国家不能只依赖法家思想，还必须建立一套能适应自己的新体系，要能够治理国家、稳定社会秩序和统一思想，而儒家所倡导的王道政治、礼乐文化、纲常伦理等一系列思想，刚好满足这一点。儒家士大夫们觉得自己的机会来了，很希望能与朝廷进行合作。一旦有机会接近君主，这些儒家士大夫便用各种方式推广自己的学说。

汉初以来，有叔孙通、陆贾、贾谊等儒生对君王宣讲儒学，为了争取与君王的合作，他们也会适当调整儒学思想。自此，一套更适应汉朝廷的儒学新形态得以建立。这套体系在保留儒家的基本政治主张的同时，完成了从理想主义的“道”向现实主义的“治”的转变。

只是要如何将儒学与政治结合在一起呢？这就要说到汉朝的选拔制度了。

汉王朝的人才选拔制度

汉王朝的人才选拔制度有察举制、征辟制和太学考试三种。

察举是指由地方官员向中央推荐人才。此制度在战国时期萌芽，在秦国曾得以推行。制度规定，现任官员可以向朝廷保举人才为官。保举后，保举人和被保举者之间便形成了责任关系。

汉初就有类似的保举制度，如公元前196年刘邦下“求贤诏”，要求各地推选“贤士大夫”；吕后时期，诏举“孝悌力田”；文帝时“举贤良方正能直言极谏者”，并且规定了选拔的方式和标准。这些临时性的选拔为察举制的形成奠定了基础。

汉武帝即位后，为完善人才选拔制度，正式推行了察举制。其主要的内容是：地方的郡守、封国每年向朝廷举荐一次人才，每次举荐两人；举荐的人才主要有两项标准，一是有孝廉的事迹闻名于乡里；二是有才能。

征辟制度是一种自上而下的选官制度，即由皇帝或高级官员直接聘请有才干的平民或低级官吏，授职或提职。由皇帝亲自聘请的称为“征召”，其他官员聘请称为“辟除”。征辟制度源于战国时代的求贤制度。

战国时代，各国为了招揽人才，分封颁布了求贤令。其中的秦国就已经初步形成了征召制度，秦国将征召制度叫作“征”或“聘”。到了汉武帝时期，继续沿用征辟制度。从此，察举和征辟成为汉代的主要选官方式，只是征辟制只是察举制的一种补充，没得到大规模推行。虽然如此，但汉武帝通过如此方法还是选拔出了不少的人才，这就要说到董仲舒了。

董仲舒改造旧儒学

董仲舒是汉代儒家代表人物，也是使儒学成为我国主流思想的关键人物。汉武帝即位后，下诏要各地方长官推举“贤良方正”的学者，到长安献计献策。董仲舒给汉武帝连上三篇奏章，称为《天人三策》，他将道家、阴阳五

董仲舒

于汉景帝时任博士，讲授《公羊春秋》。公元前134年，武帝下诏征求治国方略，董仲舒在著名的《举贤良对策》中将儒家思想结合社会需要，并融合各家思想，系统地提出了“天人感应”“大一统”学说和“罢黜百家，独尊儒术”的主张，被武帝采纳，使儒学成为中国社会正统思想。

行家的一些思想融进儒家思想中，并加以改造，形成了具有时代特色的新儒学体系。

具体来说，董仲舒的主张有以下几个方面：

第一，针对中央集权需要，提出“春秋大一统”和“罢黜百家，独尊儒术”的主张。

战国阴阳五行家邹衍认为，历史中的朝代更迭和五德运行有关系，因此，不同朝代跟不同的五德相对应，要如何治理也跟五德有关。

董仲舒对其进行修改，认为朝代的更迭不依五德，而循“三统”，即黑统、白统、赤统。夏朝代表黑统，商朝代表白统，周朝则是赤统。夏、商、周三朝刚好循环一周。之后，历史又开始新的一轮循环，新的朝代又应当代表黑统。

照董仲舒的看法，继承周朝统治的既不是秦朝，又不是汉朝，而是孔子，他承受天命，创立了黑统。孔子所受天命，不是一种“法统”，而是一种“道统”。《春秋》本是鲁国的史书，按董仲舒一派的说法，《春秋》是孔子的一部重要著作，其中孔子树立了他的道统的地位。孔子代表了黑统，并创建了黑统的各项制度。董仲舒对《春秋》的解释十分著名，他的各项学说都可以从《春秋》中找到根据，这也是他的理论权威的来源，也是他把自己的著作称为《春秋繁露》的原因。

第二，针对加强君权的需要，提出“君权神授”的政治主张。

在过去，所有的君王都是从祖先处承受君位，即使秦始皇也不例外。但汉高祖刘邦则出身于布衣，原有的理论就解释不通了。于是，董仲舒提出，国君的统治是上天赋予的天命，这样一来，皇帝的统治就合理了许多，但同时对皇权进行了很多限制：皇帝必须时刻关注天气变化，然后依照上天的旨意办事。

第三，针对土地兼并一事，提出限制土地兼并的主张，要求国家轻徭薄赋，使人民能够休养生息。

董仲舒生活的时代，官僚、贵族、侯王凭借封建特权，大规模掠夺土地，导致阶级矛盾日益严重。这一点是不利于国家稳定发展的，董仲舒认为应当

明　杜堇　伏生授经图

该图描绘的是汉初的儒者伏生向汉朝宫廷派来的学者讲述《尚书》经文的情景。画面绘蕉林一隅，左边有二男一女，其中地上一耄耋之态的长者正在聚精会神地讲经，那超然的神态仿佛完全沉浸在讲经的气氛里，他就是伏生。对面伏坐于书案前，专心致志地做着记录的大概是学生晁错。

明　仇英　上林图卷

画意取自西汉司马相如的名篇《上林赋》，描写了汉武帝时的皇家园囿“上林苑”的美景，以及汉武帝与群臣狩猎时的壮观景象。

限制此等行为，减少对百姓征的税，免去每年的义务劳动（也就是徭役），这样一来，解放了生产力，有利于国家的发展。他还提出要废除盐铁官营，降低百姓的经济负担，节约民力，保证农时，以缓和阶级矛盾，巩固国家的封建大一统局面。

第四，针对为人处世标准，提出“三纲五常”，提倡孝道。

此前的儒家认为，社会由君臣、父子、夫妇、兄弟、朋友五种伦常关系组成。董仲舒对此进行了理论概括和神学改造，形成了一套以“三纲”“五常”为核心、以天人感应和阴阳五行说为理论基础的系统化、理论化的伦理思想体系。

“君为臣纲，父为子纲，夫为妻纲”便为“三纲”，“仁、义、礼、智、信”五种为人处世的道德标准便是“五常”。三纲是社会伦理，五常是个人品德。人的自然发展应当依循道德规范的方向，而这是文化和文明的主要内涵。董仲舒大力提倡孝道，认为孝是天经地义。

西汉教育制度初步建立

董仲舒上述建议很快得到了汉武帝的赏识并被接受。汉武帝下令正式确立“罢黜百家，独尊儒术”的文化政策，以儒学取代黄老之学，定为官方的政治学说。

不久后，汉武帝在董仲舒的建议下，在长安设立了太学，初设五经博士，专门讲授儒家经典《诗经》《尚书》《礼记》《易经》《春秋》。博士除参与有关政治活动外，其主要职责便是从事教育。

在太学中学习的人称为博士弟子，当他们完成学业后，可以通过每年举行的“射策”，取得当官的资格。“射策”，就是一种答辩的形式，把问题写在策上，由考生抽取作答，内容基本围绕五经展开。

儒家思想由此成为国家培养、选拔人才的一个重要标准。自此，百家争鸣的局面彻底宣告结束，儒学独尊地位得以确立，成为封建社会的主导思想。

除了在中央设立太学，汉武帝还在地方全面推广郡国学。汉代的地方学校分为四级，郡国是学，县、道、邑、侯国是校，乡是庠，聚是序。学校就类似于后世的中学，庠、序就类似于小学。在官学的带动下，汉代的私学也十分兴盛。

汉代的私学，就其程度可分为三个阶段：一是以识学为主的启蒙教育；二是以《孝经》《论语》为主的初习经书教育；三是以五经为主的专经教育。

汉代私学中“书馆”“学馆”等蒙学设置最多，分布也最广。书馆教育共分两个阶段：第一阶段以识字教育为主，也传授一些数学常识；第二阶段则在儿童识字过后进行《论语》《孝经》的学习，这是为专经教育的学习打基础。

而施教方法，则分为“坐馆”和“家馆”两种。“坐馆”，是指老师在家教学或开馆授课；而“家馆”是指有钱人家请老师到家里教学生，类似于现在的家教，教育对象包括本家乃至本族子弟。书馆一般实行个别教学，重视口授和背诵，教学的内容以识字、习字为主，兼习算学。

书馆所用的书籍有很多种类，主要有《仓颉篇》《凡将篇》《急就篇》等。数学的基本教材有《九章算术》。体罚是老师管理和督促学生的一种方式，如果学生违反规定，或者背书、写字未达标，都要受到处罚。经馆又称精舍或精庐等，是较书馆更高一级的私学，以传授儒家经典为主，专习一经或数经，程度与太学相当。

“罢黜百家，独尊儒术”，加强了封建王朝的中央集权，对封建统治的维护有着积极作用；同时，也促进了文化的繁荣，推动了教育的发展。但儒学一家独大，使其他思想受到了禁锢，无法使人们的智慧全面发展。

宋明理学

1175年，信州（今江西省铅山县）鹅湖寺，一场辩论正酣，论战的一方是朱熹，另一方则由陆九渊和他的哥哥陆九龄组成。这朱熹和陆九渊是什么人？他们因何辩论？这和宋明理学又有什么关系呢？

理学产生的背景

唐末五代，藩镇割据，军阀混战，秩序大乱。后晋一个节度说："天子难道生来就是做天子的吗？不过是因为兵强马壮才使他成了天子罢了。"从这句话能够看出伦理纲常在当时已然崩坏，现实秩序需要重筑。

儒学便由此再次得到振兴，其所强调的礼乐秩序，正是统治阶级所需要的。理学也就是儒学，宋明理学家常说"存天理，灭人欲""饿死事小，失节事大"，听着似乎有些极端，却被统治者和士大夫广泛认可，这又是为什么呢？

宋代之初，经济处于恢复中，需要人口来维持生产，所以寡妇改嫁没什么道德压力。但到了北宋中期，人口迅速变多，而经济资源就那些，想快速发展经济，增加储备，时间就是个问题，那只能先从减少人口入手了，于是要求寡妇守节的呼声也就渐渐高了起来，这可以起到抑制人口增长的作用。

理学提倡的"守节""灭人欲"的理念便是结合社会经济发展产生的。

这一现象也说明了理学的建立与存在，有着一定的时代合理性。

说到理学产生的文化背景，主要在以下两方面：

第一，儒学的衰落与复兴。西汉独尊儒术，而后五胡乱华，佛道兴起，削弱了儒学的社会地位。因此，曾是传统文化重要组成部分的儒学，亟须复兴并重新恢复它的影响地位。安史之乱后，复兴现象慢慢发生。到了北宋初年，开始初具规模，产生了著名的宋初三先生（胡瑗、孙复、石介），其后是北宋五子（周敦颐、邵雍、张载、程颢、程颐），之后便是理学的成熟，并成为科举考试的主要依据。

第二，儒、释、道三教合一与儒学的创新。自魏晋南北朝隋唐以来，儒、释、道三教开始合流，三教的教义与理论相互吸引、结合，尤其是唐代之后，禅宗思想对儒学影响颇深，以至于在援佛入儒、援道入儒之后，儒学再次得到复兴。到了宋代，理学便开始走向历史的前台。

陆九渊（1139—1193年）

在“金溪三陆”中最负盛名，是著名的理学家和教育家，与理学家朱熹并称为“朱陆”，是宋、明两代“心学”的开山鼻祖。

程颢（1032—1085年）

学者称明道先生，世居中山，后从开封徙洛阳，北宋哲学家、教育家、诗人和北宋理学的奠基者，与程颐并称“二程”。

理学的内容派别

“理学”一词最早出现在萧梁时期僧佑编的《弘明集》卷二：“高洁贞厉理学精妙，固远流也。”当然，这里的理学与后世“理学”的含义完全不同。

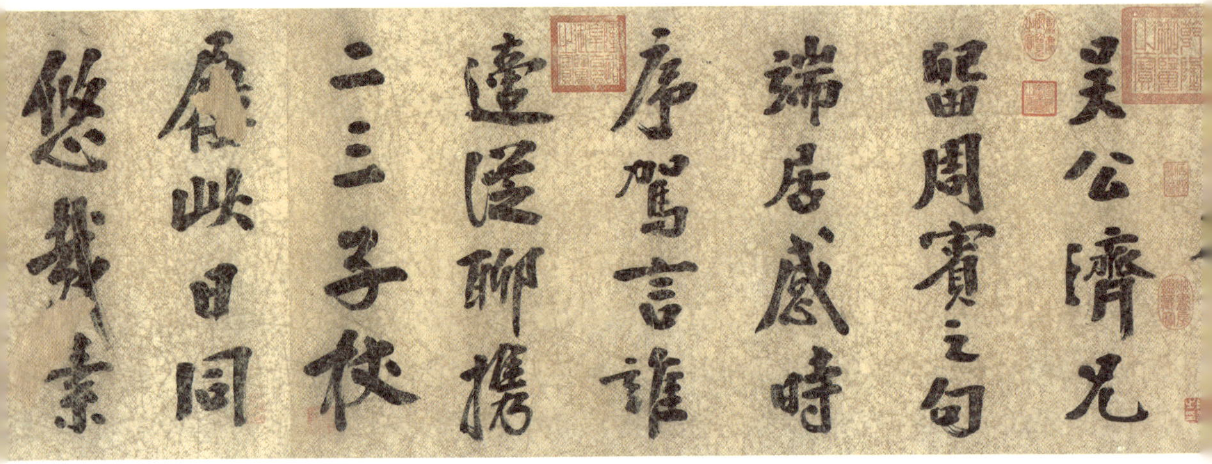

宋朱熹自书五言古诗卷

当陆九渊提出“惟本朝理学，远过汉唐”时，其中的“理学”一词已经接近现在的意义了。到了黄宗羲的“有明文章事功皆不及前代，独于理学，前代之所不及也”时，理学概念与现在已经没什么区别了。可以说，理学就是宋代儒学的另一种称呼。

理学的本质仍来自儒家的纲常名教，如三纲五常、名分等级、内圣外王等一类的内容，只不过表达方式更加抽象。

也正因如此，理学产生了不同的派别，但区别只在于对理学具体表述以及要如何实现“理”，本质内容上没太大区别，像是一棵树上的不同枝叶。

朱熹在《近思录》和《伊洛渊源录》两书中，将理学学派按地域进行了划分，推崇周敦颐为道学（理学）的创始人，将

朱熹

历高宗、孝宗、光宗、宁宗四朝。他总结了宋代理学思想，建立了庞大的理学体系，开创了紫阳学派。他还在建阳云谷“晦庵”草堂讲学，并校订了四书，成为后代科举应试科目。

张载列于二程之后。朱熹死后，“濂洛关闽”“周程张朱”成为流行的称谓，加上陆九渊及其后学王阳明的“心学”和浙东事功学派，构成了理学地域的基本格局。

当然，也有学者根据宇宙本体论，划分了理学的不同系统，主要分为理本论（二程、朱熹）、气本论（张载）、心本论（陆、王）。这些系统在如何实现理学的认识论上，也有着差别，主要有格物致知、致良知、知行合一等学说上的差异。下面主要介绍我们常说的理学与心学两派，即程朱理学和陆王心学。这就要讲到鹅湖之会了。

朱陆的鹅湖之会

朱熹在继承前人学说的基础上，根据自己的认识，创立了一套以“理”为核心的理论。他认为“理”存在于一切事物产生之前，无处不在，世间一切都是遵循着“理”在运行、变化。按照他的理论，扇子的“理”在扇子发明前就产生了，任何一把扇子都是“扇子的道理”的体现。

很显然，这是一种唯心主义的说法，自然不会被唯物主义者认可。唯物主义者认为物质要排在第一位，而意识要排在第二位，只有扇子被发明后，才会有关于扇子的认识，总结出“扇子的道理”，并且用不同的原料，制作出了不同的扇子。如果真如朱熹所说，“扇子的道理”早于扇子发明之前，那这个道理又是根据什么总结出来的呢？人们总不能对着不存在的东西，凭空总结一套道理来吧。

在人际关系上，朱熹极力维护封建统治秩序，认为“三纲五常”是绝对的真理。“三纲”就是“君为臣纲”“父为子纲”“夫为妻纲”，互相之间都是绝对的统治和被统治的关系；“五常”是指“仁、义、礼、智、信”，是做人的基本道德。朱熹认为“人欲”是违反三纲五常的关键，即使一个人被压迫得连饭都吃不起了，即使统治者是个暴君，你也不能起来反抗，那宝贵的生存权利也不能去争取，饿死冻死都活该，这样才是“循礼”的好公民，如果有谁胆敢为了所谓的“人欲”去造反，那就是违背“天理”，是大逆不道的行为。

与朱熹的主张相对，陆九渊创造了一套“心即是理”的理论。在陆九渊看来，上天所给我的，唯这颗心而已。凡是人都有心，所谓的“理”，就在这颗心中，心即是理。陆九渊认为恻隐、羞恶、是非、辞让及孝悌、仁义等封建道德，是每个人心中固有的，只要能把这种道德发扬出来，人世间就会太平了。

这套主张看似以自我为中心，但这个“我”也要受到封建道德的约束，所以本质上也是为维护封建等级制度服务的，陆九渊同样是个唯心主义者。

二者不同的地方在于，朱熹认为“理”在所有事物出现前就存在了，哲学上称作客观唯心主义；而陆九渊认为“理”在人们的心中，通过人的主观意志体现，属于主观唯心主义。当然，虽然说法不同，但都是为统治者服务。那这样的话，还辩论个什么劲儿呢？还是要辩的，因为他们立论的角度不同，加之文人相轻，谁也不服谁，所以才有了论战，辩论的核心就是要用什么方式获得学问。

在鹅湖之会上，朱熹认为，一个人要想懂得道理，就应该多看书，什么书都要看，在此基础上得出深邃的道理。陆九渊和他的哥哥陆九龄则认为，应当先唤起人的道德之心，然后才能让他去读很多书。现在看来，这两种看法都比较片面，如何求学问，也许可以用孔老夫子的那句话进行总结：“学而不思则罔，思而不学则殆。”阅读和唤醒道德之心其实没必要一定有个先后顺序，应当互相结合、互相吸收。

就这样，各执一词的朱熹和陆九渊谁也说服不了谁，朱熹认为陆九渊的学说过于简单，陆九渊认为朱熹的学说不成系统，就这样吵来吵去，最后闹得不欢而散。

不过两个人虽在学术上互相不服，私交却很好。鹅湖之会后的第六年，陆九龄病故，陆九渊请朱熹替兄长写墓志铭，到南康郡（今江西省庐山市）

拜访时任南康太守的朱熹。两人一同泛舟湖上，聊聊闲天儿，想必也是一件乐事。朱熹也曾请陆九渊到白鹿洞书院讲学，还让陆九渊记录下了他的讲词，并亲自作跋，这就是著名的《白鹿洞书院讲义》。

1193 年，陆九渊去世，朱熹知道后，率领门下弟子到寺院设灵位祭奠，哭得肝肠寸断。朱熹和陆九渊都是当时的儒学巨擘，他们一方面坚持自己的学术主张，另一方面并不以势压人，而是充分尊重后辈的学术自由，能提携的也尽量提携，尽管互为“学敌”，却彼此欣赏，上演了一出坦荡的君子之交，尽显儒学大家风范。

在当时的社会上，朱熹的名气比陆九渊大，门徒很多，影响力也远超陆九渊。在他去世后，其生前注解的《大学》《中庸》《论语》《孟子》，得到了广泛的传播，和《诗经》《尚书》《礼记》《易经》《春秋》五部典籍并称为“四书五经”，被定为读书人的必读经典，朱熹的牌位也被送进了孔庙。从这之后，朱熹成为我国封建社会后期影响最大的思想家。

宋明理学的影响

宋明理学对中国文化的影响：其一，修身之法之必备也；其二，教育之复兴也；其三，哲学之大昌也；其四，本末之一贯也。具体而言，理学所提倡的内圣外王的人生观（修身，齐家，治国，平天下）使得民族精神得到了提升和锻造。

与此同时，宋明理学也开启了游学讲学的风气，使得宋代及之后的书院教育得以发展兴盛。宋明理学是我国哲学史上的高峰，在佛道理论创新进入“瓶颈”期时，理学的出现推动我国哲学又向前迈了一步，把传统儒学提升到了哲学思辨的层次。

第六章 重大发明

蔡伦改进造纸术

说起蔡伦，就会提到他改进的造纸术。这一举措，推动了我国古代历史的发展，在很多方面都起了重大作用，不仅是我国，甚至对于世界历史也有很大的作用。那么，蔡伦是个什么样的人？他所改进的造纸术为何会被推广？最后他又因何自杀呢？

寒门出身，天赋异禀

蔡伦出身贫贱，但自身聪慧，喜欢发明创造，在乡里颇受赞誉。这样的生活虽也很好，但一眼能望到头，如果没有那次特殊的经历，他可能就这样过一辈子了。

56 年，汉章帝登基，宦官突然变得很短缺，于是他便派官员去四处搜罗年幼男童，带进宫中。75 年，在选童的过程中，年仅 15 岁的蔡伦被破格选中，随后，他净了身，被带入东都洛阳宫内。

当然蔡伦也是挺倒霉的，在东汉之前，宦官还不要求阉割，但东汉之后，却要求统一净身，而他刚好处在东汉初年。不过，也不是没有好处。光武帝刘秀称帝后，君主集权进一步被加强，太尉、司徒、司空这三公被架空，权力全归了尚书台，宫廷内还设置了中常侍、黄门侍郎、大黄门、小黄门等宦官职务，他们负责传达和掌管皇帝的号令和诏书，阅览尚书进呈的文书。这里有个小知识点，太监这个称谓，是在隋唐之后才逐渐被广泛地叫起来的，之前一直叫“黄门”。

东汉中期，由于众多皇帝能力不足，且沉迷享乐，导致大权旁落到皇后手中。而且从和帝开始，所有君主即位时都是幼童，这使得太后可以理所当然地以“垂帘听政”的方式来控制皇帝，借机提拔其亲戚，形成了外戚专政的局面。皇帝长大后，由于不满这种状况，便与宦官合谋对付外戚，成功后宦官由此得势。皇帝身亡后，即位者又是年幼的皇帝，另一太后再度“垂帘听政”，恶性循环，持续不断。这便是东汉历史上独有的“戚宦之争”。这一局面，让外戚宦官交替专权，也把宦官推到了历史的前台。

蔡伦的发迹，就来自这样的历史背景。76年，他仅用一年时间，就被提升为小黄门。随后，因为为人处事颇得窦太后赏识，又很快被提升为黄门侍郎。蔡伦很好地利用了这一职务的便利，接近膝下无子的窦太后。顺利靠近窦太后之后，蔡伦在历史上的另一面很快显露出来。

82年，窦太后的侄女窦皇后与宋贵人之间的斗争越发激烈。窦皇后无子，而宋贵人之子刘庆是太子。为了自己的未来，也为了窦氏家族的前途，窦皇后必须要除掉宋贵人。于是，她千方百计地寻找时机，在外让几个兄长窦宪、窦笃寻找宋贵人的过失，在内则让蔡伦等宦官进行诬陷。这一番忙活终于没有白费，她终于找到了一个害人的机会。

宋贵人生了病，听说兔子能治病，就立即发动亲戚朋友去找。窦皇后便立即让蔡伦上书，诬其“挟邪媚道”“欲为厌胜之术”。欲加之罪，何患无辞，最终宋贵人被诬陷入狱，而审案的人正是蔡伦。宋贵人知道已无活路，只得在狱中服毒自杀，而太子刘庆也受到了牵连，被批评“失惑无常”，贬为了清河王，另立梁美人之子刘肇为太子。

蔡伦像

82年，这场权力争夺战宣告结束，窦

皇后取得最终胜利，此时距蔡伦进宫不过七年。此事过后，蔡伦成为窦皇后的亲信，开始进入权力中心。88年，汉章帝刘炟病逝，汉和帝刘肇即位，窦皇后升级为窦太后，如愿以偿地坐到了垂帘听政的位置上。蔡伦自然也被从黄门侍郎直接提拔成了中常侍，跟在汉和帝刘肇身边，“豫参帷幄”，秩比二千石。97年，窦太后病死，蔡伦被汉和帝刘肇提拔为“尚方令”，负责管理皇宫工场，监督工人们制造各种器械。

改进造纸术的背后

担任尚方令后，蔡伦常借职务之便，到乡间田间的各作坊去查看工人们有什么工作成果。在一次查看中，他发现养蚕妇女用缫丝漂絮后，竹篳上会留下一层短毛丝絮，伸手揭开，里面的东西像是缣帛，摸起来手感很好。蔡伦好奇心大发，想看看这个东西的用途，最后他发现这样东西居然可以用来书写。

这次经历让蔡伦受到启发，他立刻叫人找来树皮、废麻、破布还有旧渔网等，在宫廷的作坊里使用锉、煮、浸、捣、抄的方法，用植物纤维造纸。经历了漫长的时间，克服了很多困难，终于造出了植物纤维的纸，蔡伦也成了历史上改进造纸术的第一人。

人们或许常认为蔡伦发明了纸，其实不对，蔡伦所做的是纸的改进工作。1957年，在陕西省西安市灞桥的西汉墓葬中发现了古纸残片，1986年甘肃省天水市放马滩西汉墓葬中也发现了一块纸质地图残块，这都可以证明西汉时期就已经有了纸这种记录工具。

历史上关于汉代造纸技术的记载不多，但也能看出烦琐的造纸工序绝不是一个人能够研究出来，而是劳动人民共同努力的结果。最初的纸是用麻皮纤维或麻类织物制造成的，质地比较粗糙，表面也不光滑，还没法在上面写字，只能用于包装。

经过了蔡伦的改进，形成了一套完整的造纸工序，可归纳为四个步骤：

第一是原料的分离，就是用沤浸或蒸煮的方法让原料在碱液中脱胶，并分散成纤维状；

第二是打浆，就是用切割和捶捣的方法切断纤维，并使纤维帚化，而成为纸浆；

第三是抄造，即把纸浆渗水制成浆液，然后用捞纸器（篾席）捞浆，使纸浆在捞纸器上交织成薄片状的湿纸；

第四是干燥，即把湿纸晒干或晾干，揭下就成为纸张。

汉代以后，工艺不断完善和成熟，但这四个步骤基本上没什么变化，即使在现代，在湿法造纸生产中，其生产工艺与中国古代造纸法也没什么根本区别。

不过，蔡伦所改进的纸属于高级麻纸和皮纸，因为技术并不成熟，所以造价很高，只能供皇室使用，没法在民间普及。因此，当时大多还是用简牍进行文字记录。

造纸技术在南北朝得到了重要发展，简牍被完全取代，藤造纸流行一时。到隋唐初期，造纸技术逐渐成熟，也使得隋唐文化迎来了繁荣。科举制、印刷术、诗词文化的发展，都跟纸的普及息息相关。但藤纸用得多了，导致原材料告急，出现了纸荒的状况。

唐朝中期，人们想到了用竹子来造纸。竹子生产速度快，储量又十分充足，于是很快普及开来。竹纸的发明，使得造纸术又向前迈进了一步，这种竹造纸技术，早了西方一千多年。到了宋朝，活字印刷术的出现，更加推动了文化的传播与进步，纸终于成为老百姓能够用得起的东西。

一损俱损，结果惨然

关于蔡伦造纸，史书上写得很简单，只提了“用树肤、麻头及敝布、渔网以为纸”。树肤，就是树皮；敝布，就是破布。树皮、麻头、破布、渔网，

新诗造纸书画谱

通过二十四帧绘画和二十四帧释文，从蔡侯宅第开始，记录了造纸工艺的全过程。

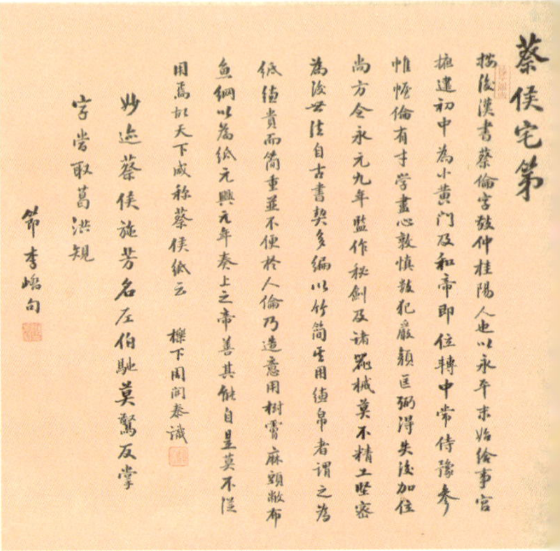

蔡侯宅第

按後漢書蔡倫字敬仲桂陽人也以永平末始給事宮掖建初中為小黃門及和帝即位轉中常侍豫參帷幄倫有才學盡心敦慎數犯嚴顏匡弼得失後加位尚方令永元九年監作秘劍及諸器械莫不精工堅密為後世法自古書契多編以竹簡其用縑帛者謂之為紙縑貴而簡重並不便於人倫乃造意用樹膚麻頭敝布魚網以為紙元興元年奏上之帝善其能自是莫不從用焉故天下咸稱蔡侯紙云　樑下周閒泰識

妙跡蔡侯施芳名左伯馳莫驚反掌字當取葛洪規

節李嶠句

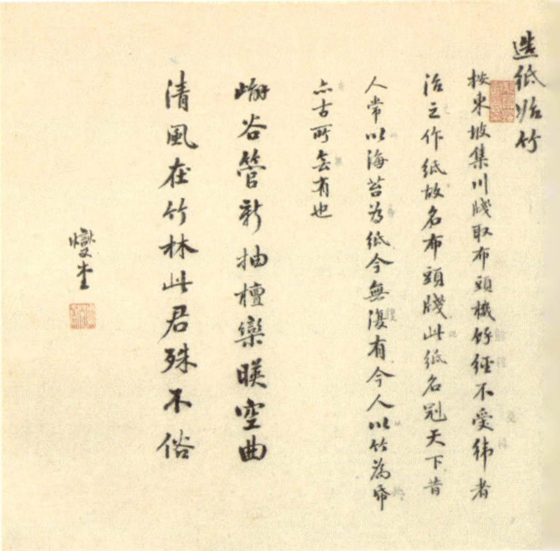

造紙始竹

按東坡集川賤取布頭機餘經不受緯者治之作紙故名布頭賤此紙名冠天下昔人常以海苔為紙今無復有今人以竹為帋亦古所未有也

嶰谷管新抽檀欒映空曲清風在竹林此君殊不俗

燮生

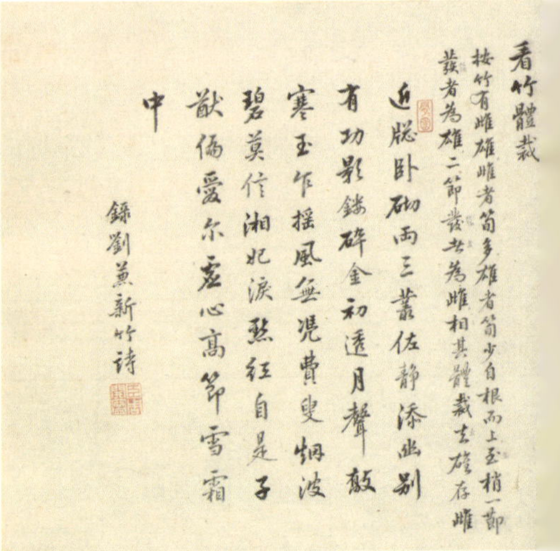

看竹體裁

按竹有雌雄雌者笛多雄者笛少自根而上至梢一節發者為雄二節發者為雌相其體裁去雄存雌

近牕卧砌兩三叢佐靜添幽別有功影鋪碎金初透月聲敲寒玉乍摇風無凭費叟烟波碧莫信湘妃淚點紅自是子猷偏愛爾虛心高節雪霜中

錄劉兼新竹詩

伐竹作料

按竹有祖孫之去為祖新者為孫砍伐之時將本年新竹之開籜者伐以作料

嫩籜香苞初出林於陵論價重如金皇都陸海應無數忍剪凌雲一片心

錄李商隱詠竹詩

浸於池水

既伐後將竹浸於池內用石灰一層鋪竹一層又鋪石灰一層再鋪竹一層如法遞鋪用水浸泡其池或用石砌或用磚礌皆甚便

瞻彼中唐綠竹猗猗貞而不介弱而不羈杳臯人圃蕭瑟雲崖推名楚澤美質梁池

謝莊竹贊

去皮存質

既浸成熟之後將竹之外裹青皮用鐵鏟鏟淨存內細素白質以為練料

短長終不校先後竟誰論外恨包藏密中仍節目通

錄韓子句

搥搗如絲

既去皮後將白質搗碎極細如絲

巴江新搗萬穀皮楮生粉面霄凝脂故人千里特寄我蔗茅宛宛天投霓

錄孫覿酬句

太陽以曝

既成絲後將絲逐束攤於竹竿上令太陽曝之使乾

向日作鷺新繭色臨風時蔽白萍文好將簾下承香粉堪送天边詠碧雲

錄陸龟蒙句

灰水漿之

太陽曝後將絲浸於池內池中用石灰一層鋪絲一層又鋪石灰一層又鋪絲一層如此層層鋪上然後浸漚

敲冰呈好手織素競安篤

摘張伯玉句

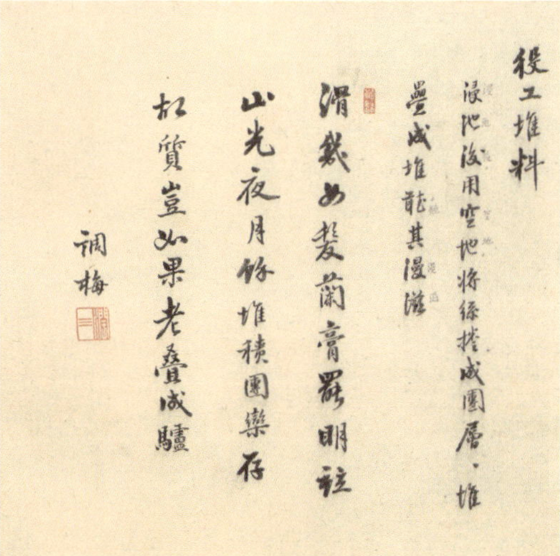
殺工堆料

浸池後用空地將絲捲成團層、堆疊成堆誌其浸潞

滑膩如髮蘭膏罷明粧
山光夜月餘堆積團欒存
扣質豈如果老疊成驢

調梅

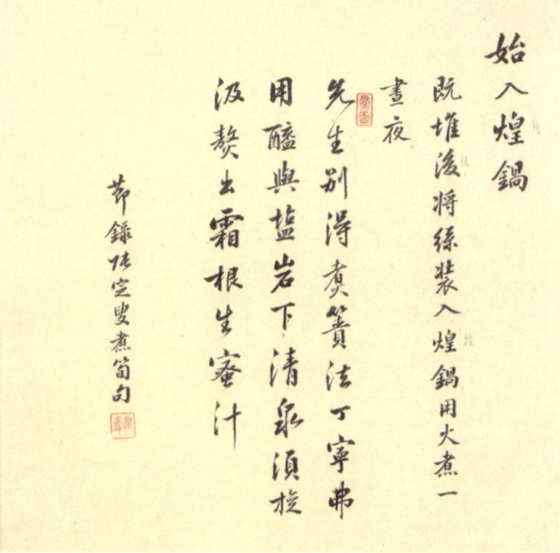
始入煌鍋

既堆後將絲裝入煌鍋用火煮一晝夜

先生別得煮簀法丁寧弗
用醯與鹽岩下清泉須旋
汲熬出霜根生蜜汁

節錄林空叟煮筍句

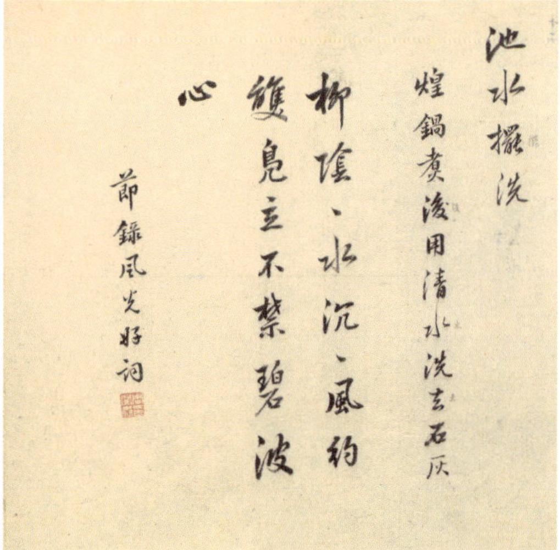
池水擺洗

煌鍋煮後用清水洗去石灰

柳陰、水沉、風約
雙鳧立不禁碧波
心

節錄風光好詞

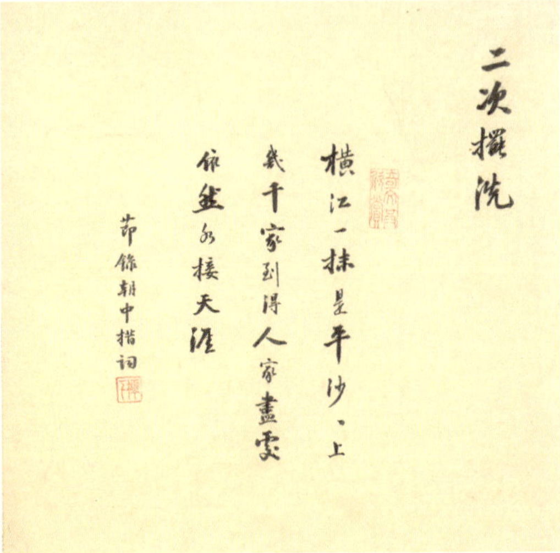
二次擺洗
横江一抹是平沙、、上
几千家到得人家盡處
依前水接天涯
节録朝中措词

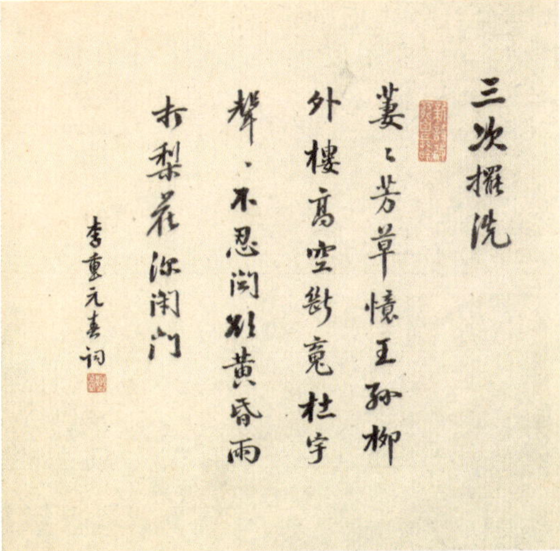
三次擺洗
萋、芳草懐王孙柳
外楼高空断魂杜宇
聲、不忍闻欲黄昏雨
打梨花深闭门
李重元春词

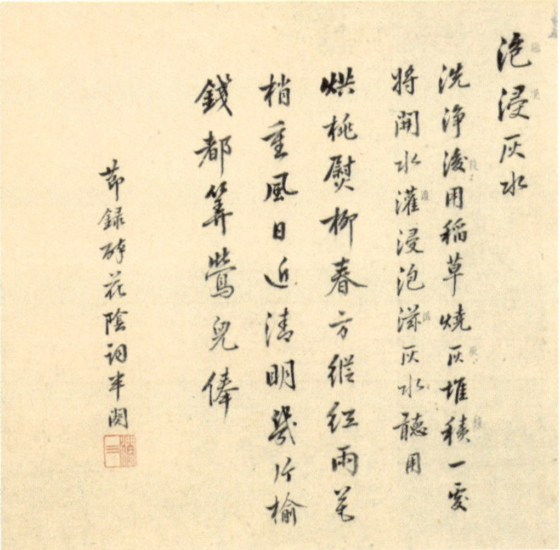
淹浸灰水
洗净後用稲草烧灰堆積一處
将開水灌浸泡滤灰水聽用
烘桃熨柳春方绽红雨花
梢重風日近清明幾片榆
錢都算鶯兒俸
节録醉花陰词半阕

灰水泡料

灰水既就將竹絲裝入煌鍋用灰水浸灌至上

葉密春聲聚花多夜影重只留一路遏東風圍滑生香不斷錦薰籠

節錄風蝶令詞半闋

不堆再漂

灰水泡後仍歸清水池內漂去灰水

菡萏風來金壓戍芭蕉雨過玉欄干盡扇小立作湫寒

節錄浣溪沙詞半闋

納於窖中

漂後將絲撈起納於窖內入絲一層潑豆汁一層又貯絲一層又潑豆汁一層如法層層貯入日以清水灌窖數次至窖之大小亦如池之大小但深則倍之

庭院深深深幾許楊柳堆煙簾幙無重數金勒雕鞍遊冶處樓高不見章臺路

節錄蝶戀花詞半闋

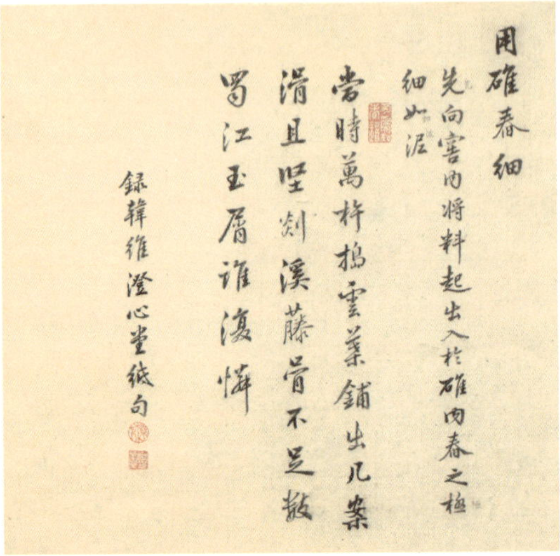
用碓舂細
先向窖內將料起出入於碓內舂之極
細如泥
當時萬杵搗雲業鋪出几案
滑且堅剡溪藤骨不足数
蜀江玉屑誰復憐
錄韓維澄心堂紙句

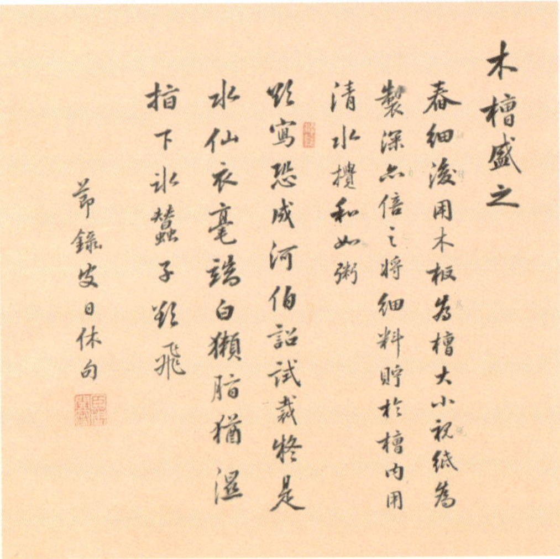
木槽盛之
舂細後用木板為槽大小視紙為
製深如信々將細料貯於槽內用
清水攪和如粥
纔寫恐成河伯詔試裁將是
水仙衣毫端白獺脂猶濕
指下冰蠶子纔飛
節錄皮日休句

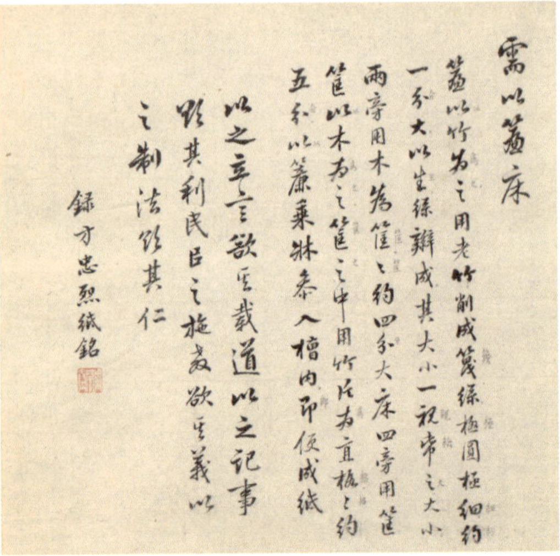
需以簾床
簾以竹為之用老竹削成篾絲極圓極細約
一分大以生絲辮成其大小一視帘之大小
兩旁用木為筐々約四分大床四旁用筐
筐以木為之筐之中用竹片為直梳々約
五分以簾乘牀承入槽內印便成紙
以之章言欲至載道以之記事
繇其利民臣之施政欲至義以
之制法繇其仁
錄方忠烈紙銘

上榨則實

榨以木為之先用木化欖一条欖後豎直木二根橫木二根如欖之下腳像欖前下腳橫檔二根內一根要圓兩頭要轉軸中鑿二圓眼欖上放木板一塊其大小如帘將帘鋪板上紙上又壓木板一塊板上外加直木一根一頭安於欖後二橫木上一頭用繩繫定繩頭下繫于欖前下腳橫軸上軸內圓眼用短木二根插入漫漫轉動攪緊

攪之則舒舍之則卷而压可伸能幽能顯

节錄傅咸紙賦

焙而後乾

焙以墻為之用磚砌墻一道長一丈二尺高六尺寬四尺五寸外塗以石灰墻內空如灶一頭留火门以便進火墻熱後將帘貼上焙乾

寒溪浸楮舂夜月敲冰舉簾匀割脂焙乾堅滑若鋪玉七十年來人不知

澄心堂百幅詩一章

告厥成功

焙乾後則告厥成功矣或以博記古今之書或以摹擬國家之事無小無大無顯無隱紙之為用大已哉

玉肌匀膩粉初乾淡淡空青印碧瀾曉日長楊新賦就墨雲時度玉鎬寒

朱絃潤牋紙詩一首

这些平常的东西都是蔡伦造纸用的原料。当然想也知道，造纸术绝不会这么简单，肯定有更复杂的工序（但也无从得知了）。好在，这个记载虽然简单了些，却很确切。

除了改进造纸术，蔡伦在担任尚书令时，还推动了手工业的发展。东汉学者崔寔在《政论》中写道：“有蔡太仆之弩，及龙亭九年之剑，至今擅名天下。”“蔡太仆”“龙亭”指的都是蔡伦。可以看出，此时的蔡伦，已成为兵器的“品牌”。

105 年，汉和帝刘肇病死，以太后邓绥为主的新外戚掌权，蔡伦很自然地投入邓氏门下。邓太后连立两名小皇帝，牢牢地控制着朝廷政权，蔡伦作为邓太后的得力干将，也就跟着一路高升，被封为龙亭侯、长乐太仆，走向人生巅峰，成为邓太后手下第一人。汉和帝刘肇去世后，汉殇帝刘隆即位，这小皇帝刚过百日没几天，奶都没断呢，自然也不能有什么作为。于是，以邓太后的兄长邓骘为代表的邓氏戚族，就理所当然地接着掌握政权。半年后，汉殇帝也去世了。邓氏戚族便扶持了 12 岁的汉安帝刘祜即位。

汉安帝刘祜还有另一重身份，他的祖母正是自杀而死的宋贵人，而父亲便是被贬谪清河的旧太子刘庆。121 年，邓太后去世，没了邓太后的束缚，汉安帝也就准备好好收拾一下蔡伦了。同年，汉安帝降罪，蔡伦不堪耻辱而服毒自尽。

造纸术——尤其是东汉蔡伦改进的造纸术（又称“蔡侯纸”），是书写材料的一次革命。这种纸取材广泛，便于携带，推动了中国、阿拉伯、欧洲乃至整个世界文化的发展。不管蔡伦改进造纸术的初衷是什么，我们也要说“蔡侯纸”是中国的骄傲，整个世界都为此受益。

对造纸术的改进，让蔡伦不仅在中国几乎家喻户晓，在国外也享有盛名。麦克·哈特所著，在 1978 年出版的《影响人类历史进程的 100 名人排行榜》中，蔡伦排名第六（后改为第七），足见蔡伦被世人的认可程度。

活字印刷术

指南针、印刷术、造纸术和火药，是中国的四大发明，是中国文明得以传承的重要支柱，也对欧洲文明的现代化起到了很大的推进作用。之前讲到了改进造纸术，那么活字印刷术又是如何发明的？关于它又有着怎样的趣事呢？

无名书佣改变历史进程

印刷术发明之前，文化的传播主要靠手抄的书籍。

抄书这件事听着就挺累，在印刷术发明前，这些抄书的人就是通过一笔一笔的抄写，传递着文化的火种。他们是默默无闻的，也是伟大的，这些人有着一个共同的名字：书佣。

这个职位和今天的抄写员或打字员差不多，在中国出现得很早，地位却一直不高，名字也变了很多次。最早叫“书人”“书手”“书工”，最后才确定了“书佣”的称呼。当然名字虽然变来变去，但身份和做的事倒没什么太大变化，就是抄书，把珍藏的典籍一本本抄录下来，装订成册，流传后世。

有历史记录的第一个书佣，是东汉投笔从戎、开拓西域的大英雄班超。据《后汉书》中记载，班超小时候家里很穷，只能靠替政府“佣书”养活自己。

“佣书”，就是替人抄书了。这也是官修史书中第一次出现这个词。这

活字《佛说观无量寿佛经》残页是现存最早的活字印刷品实物。

个工作很辛苦，每天就是趴在桌子上，一笔一画地抄，字迹不能太乱，每一笔都要方方正正，工作又累，量又大，真不是一般人能干的。

贵族子弟、儒家学子，有这个能力，但肯定也不大屑于去做。愿意干这个的，大多数又没有这个能力，即使是粗通点文墨的也不行，文化合格，字写得太烂也没戏。

所以古时候愿意干这个的，也就这么几种人：没钱的读书人、破落的贵族子弟，甚至还有犯罪服役的囚徒。

这工作难度这么高，工资待遇不错吧？不然。东汉侯谨在《汉德皇传》中记载，一个叫普盖的书佣，每个月所挣的钱只能勉强养活自己。可以说这工作简直是吃力不讨好，也没什么前途，班超倒是留名青史了，那也是因为他跳槽了。

到了东汉晚期，书佣却突然抖起来了，变得前途一片大好，不仅有“国家在册职工”，还出现了个体户。这种情况的发生，离不开“经济发展”“文化繁荣”，但根本的原因，恐怕有三个。

第一就是有了造纸术。造纸术发明之前，中国的书籍主要记在竹简和布帛上，竹简太沉，布帛太贵，别说普通人，就是豪门贵族，肯花这个闲钱的也没几个，大概也就只有国家能出得起这个钱了。但自从有了造纸术，情况就变得不一样了，但凡有点钱就能修得起书。

第二就是大量寒门阶层兴起，取代世家大族。新贵族为了提高自己的地位，往往很喜欢多花钱修一些书。

第三是不能忽略的，就是佛教的广泛传播。

唐代雕版印刷业的形成

南北朝是佛教的极盛时代，无论是北方的鲜卑族，还是南方的宋、齐、梁、陈政权，都大力兴办“佛事”。这“佛事”不仅指建寺庙，还包括翻译整理海外来的佛经。在那时，普通人大多不认字，而且这个工作要求极高，要有一定的文化底子，导致干这个的人特别少，而且手写费时间，还容易写错、写漏，给文化的传播造成了很大的困难。

印章和石刻给印刷术发展带来启发，用纸在石碑上墨拓的方法，为雕版印刷指明了方向。印章在先秦时就有，刻上几个字，让别人知道自己叫啥、在哪里当什么官。文字都刻成反体，分阴刻、阳刻。在纸出现之前，公文或书信都写在简牍上；写完了，用绳绑好，在结扎处用黏性泥封起来；再把印章盖在泥上，称为泥封，泥封就是在泥上印刷，在当时起到保密作用。纸张出现之后，泥封演变为纸封，盖印的位置变成了几张公文纸的接缝处或公文纸袋的封口处。据记载，有个北齐人，把用于公文纸盖印的印章做得很大，就像是一块小型的雕刻版。

碑石拓印技术促成了雕版印刷技术的发明。刻石的历史悠久，在东汉以后，石碑发展达到鼎盛。175年，朝廷在蔡邕的建议下，在太学门前树立《诗经》《尚书》《周易》《礼记》《春秋》《公羊传》《论语》七部儒家经典的石碑，共20.9万字，分别刻在46块石碑上。这些石碑每块高175厘米、宽90厘米、厚20厘米，可以写5000多字，正反全部刻上字，历时8年，才全部刻成，史称“熹平石经”，成为当时读书人的经典。很多人竞相抄写。到了魏晋六朝时，有人乘着看管不备，将经文用纸拓印下来，自己用或卖给别人，使得这些拓本在民间广为流传。

印染技术同样启迪了雕版印刷。印染是指把花纹图案刻在木板上，然后用染料印在布上。中国的印花板分凸纹板和镂空板两种。凸纹板印技术大概早于秦汉，向上可追溯到战国。纸发明后，这种技术就可能用于印刷方面，只要把布换成纸，把染料换成墨，印出来的东西就成为雕版印刷品了。在敦煌石室中，就有唐代凸纹板和镂空板纸印的佛像。印章、拓印、印染技术，三者相互借鉴、融合，加之中国人民的智慧和经验，雕版印刷技术便应运而生了。

到了唐朝，科技和文化都得到了迅猛发展，社会氛围开明祥和，人们对书籍的需求也逐渐增加，这样的外部环境，促成了雕版印刷术的发明。唐代的雕版印刷中心，主要集中在唐朝的两大都城——长安和洛阳。玄奘从印度取经回来后，在长安翻译了大量佛教典籍，部分翻译在当时都已被印刷出版。

除了长安和洛阳，扬州也是唐代东南地区的主要城市，所以在市面上可以找到所刻的各种历本。另外，与扬州并驾齐驱的益州，即今天的成都，也是全国排名头列的经济中心，佛经、小学、字书之类的书籍，都在这里有刻本进行售卖。

总体来看，唐代印刷品主要集中在一些都会区和发达的商业中心，所涉及的印刷品主要是关于神像、佛经、发愿文和历书等方面的书籍。咸通九年（868年），王玠为其双亲印制普施的《金刚经》，就是其中的典型代表。

但印刷的作品极为有限，对当时整个社会的文化推动作用不大。

宋代雕版印刷业的普及

五代十国时期，虽然南北方打得像热窑似的，但印刷术的发展却并没有停止。这一时期的印刷品，无论是数量还是质量，都要远超唐朝。今天的福建、浙江和黄河流域一带，在当时都有印刷品出现。五代的印刷中心，冲破了唐朝把印刷中心只放在几个发达城市的束缚。五代印刷术的发达，也为宋代雕版印刷业的兴盛奠定了基础。

宋代，雕版印刷术迎来了发展的黄金时期。宋代很看重教育，在全国置办了大量书院，这为印刷术的发展提供了重要的条件。印刷的也不只是佛经和历书，还有儒家、道教经典以及医学的作品，种类得到了很大的丰富。宋

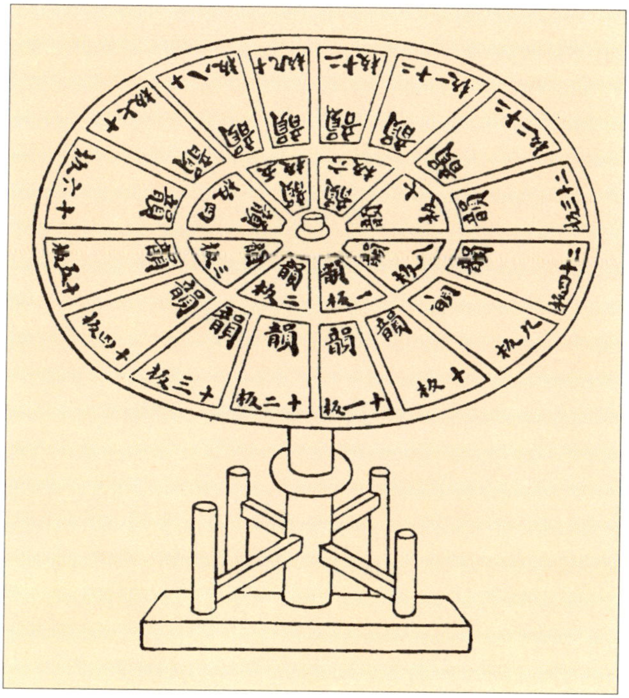

元朝王祯著作《农书》里所绘的印刷活字盘

初时，印刷品的数量不及4000件，到了宋神宗时期，所印刷的作品已经近10万件，而此时各地也出现了刻书的风气。

南宋时期，刻书发展得更加繁荣。大量的书坊在各大城市出现，而一些书院、寺庙等，也有了刻书的习惯。雕版印刷业在南宋时，已经遍及全国各地，在今天的福建、广西、四川，都有大量刻书的地方，这对当时的社会文化发展产生了深远的影响。印刷术的普及，也促进了南方经济的发展。

毕昇发明活字印刷术

雕版印刷术的印刷清晰、速度快、着墨好，但制版缓慢、错版难改。毕昇在北宋庆历年间发明了活字印刷术，促进了印刷史上的一次巨大技术革新。印刷工匠先把单字的阳文反字字模制好。然后在印刷时，将字模按照稿样，挑选排列在字盘内，涂墨印刷。完事儿后，把字模拆出，留着以后用。

北宋科学家沈括在《梦溪笔谈》中介绍了这种新技术："板印书籍，唐人尚未盛为之。自（五代）冯瀛王（冯道）始印五经，已后典籍，皆为板本。庆历中，有布衣毕昇，又为活板。"这段话详细讲述了从雕版印刷到活字印刷的变革过程，古代图书出版自此就是活字印刷的阶段了。不仅如此，活字印刷术的出现，也让出版业有了新的发展机遇。民间书坊在其带动下，建立起了编辑、制版、印刷和流通一体的产业链，这对思想文化传播是大有裨益的。

简单的一本书，从竹帛、钟鼎到誊写、雕版、活字，演变出了众多不同的形态，直至成为我们今天看到的模样；柔弱的一本书，却凝聚了四大发明一半的精华；绵薄的一本书，却承载着五千年的文化，继往开来，泽被后世，中华民族在其所传递文化的引导下，团结一心，生生不息。

活字印刷术在13世纪传至朝鲜、日本、越南、菲律宾、伊朗等国。15世纪，活字板传到欧洲。16世纪，活字印刷术传到非洲、美洲以及俄国的莫斯科，

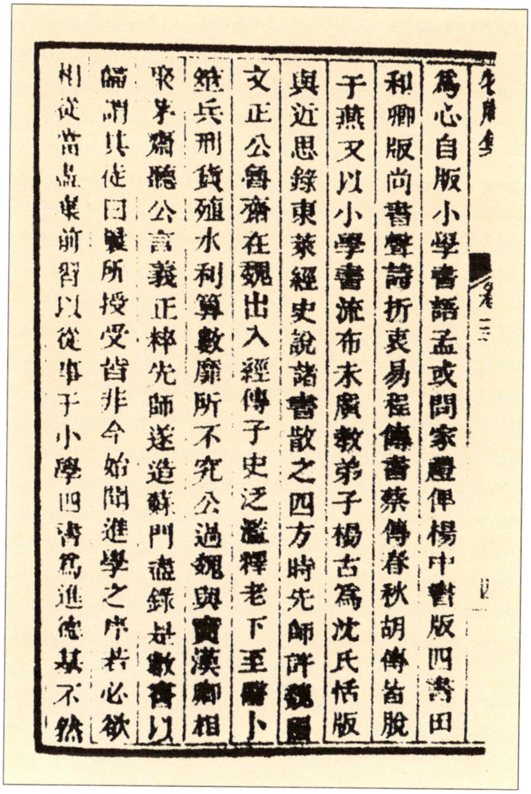

爲心自版小學書語孟或問家禮俾楊中書版四書田
和卿版尚書聲詩折衷易程傳書蔡傳春秋胡傳皆脫
于燕又以小學書流布未廣教弟子楊古爲沈氏恬版
與近思錄東萊經史說諸書散之四方時先師許魏國
文正公魯齋在魏出入經傳子史泛濫釋老下至醫卜
筮兵刑貨殖水利算數靡所不究公過魏與竇漢卿相
來李齋聽公言義正粹先師遂造蘇門盡錄是數書以
歸謂其徒曰曩所授受皆非今始聞進學之序若必欲
相從當悉棄前習以從事于小學四書爲進德基不然

清乾隆年间木活字《武英殿聚珍版从书》书页

19 世纪传入澳洲。

活字印刷术，改革了中国的印刷术，用科学的方式总结了中国劳动人民长时间的实践经验，它促进了中国经济文化的发展，也推动了世界文明的进步。

火药发明

中国历代王朝，较为强大的有汉代、唐代，若说起宋朝，那跟强可是一点儿都不沾边了。“弱宋”，历史学家常常这样称呼，不过随着近些年关于宋朝著作的增多，这个朝代也渐渐被重视了起来，文化、经济、科技等方面，都得到了很高的评价。当然，军事上仍然是很弱。不过即便如此，我们却发现了一个很惊人的事实，有“上帝之鞭”之称的蒙古帝国竟在宋朝那里，被阻断了扩张的步伐。这究竟是怎么一回事呢？问题的关键就在火药。

无心插柳的火药

火药是用硫黄、硝石、木炭混合而成的。在新石器时期，人们烧制陶器时，发现了木炭。商周时期，木炭被大量用于冶炼金属。硫黄是自然物质，人们很早就对它进行过开采。平时生活也会经常接触，像温泉中就含有硫黄，或者冶金时逸出的二氧化硫，这味道很难闻，闻一次就终生难忘。古人掌握最早的硝，应该是墙角和屋根下的土硝。人们在实践中，也懂得了一些识别硝石的方法。

硫黄和硝石曾被当作重要的药材。在汉代的《神农本草经》中，硝石排在上品第六位，能治 20 多种病。硫黄差点儿，排在中品药第三位，也能治 10 多种病。硝石、硫黄、木炭算是古人的“老熟人”了，但把它们按比例混在一块儿制成火药，还是炼丹师的功劳。

从战国至汉初，有些帝王、贵族想当神仙，想长生不老，于是就找一帮道士炼长生不老药。这些炼丹师将炼丹经验总结整理，写成了很多本书，比如东汉炼丹理论家魏伯阳的《周易参同契》。三国以后，这些炼丹的方士就逐渐加入了道教，促进了道教和炼丹业的发展。

炼丹家觉得，把两种物质放一块，经过一定条件的处理，那两种物质的优点就能转移到新的物质上面。这种说法似乎很有道理，无懈可击，把黄金、白金这些个不易腐蚀的物质炼成丹药给人吃，人就能金刚不坏，不被时间腐蚀了，不管别人信不信，反正炼丹家们是信了，让他们炼丹的皇帝和贵族也信了。

这一点毋庸置疑了，下一步就是如何把矿石变小变软，并去掉其中的毒性，以炼制成易吞食的药丸。

硫黄能让矿石面积变小，硝石可以用来对金属物质进行溶解。在炼丹过程中，炼丹师将这两种物品混合在一起扔到火炉中，然后就“砰”的一声爆炸了。被炸得多了，炼丹师们也总结出了一个道理：把一定量的硝石和硫黄混合在一起，放在火中，可能引起爆炸，而且还容易炸到人。

东晋著名炼丹家和医药学家葛洪在《抱朴子·仙药篇》里就有用雄黄、硝石、猪大肠油和松脂共炼丹药的记载。雄黄含有大量的硫，硝石是强化剂，猪大肠油和松脂含有炭，火药的三种基本成分都全了，这药就别吃了，拿来爆炸用吧。

生在隋唐之间的医药学家孙思邈，总结了唐以前的临床理论，收集方药、针灸等内容，编著为《千金方》，在医学上做出了很大的贡献。

他不光会看病，还会炼丹。他总结了前人的经验，收集河洛地区和关中地区炼丹家的配方，在682年提出了硫黄伏火法这种较为可行的配方：将硫黄、硝石研成粉末，再加入皂角子（含碳素）。808年，炼丹家清虚子改进了孙思邈的方子，创造了伏火矾法，用硝石、硫黄及马兜铃（含碳素）一起烧炼。这两种配方都是把三种药料混合起来，初具了火药所含的成分。

炼丹师坚信他们炼出来的就是药，即使是火药，那也是“药”，所以很长时间内火药都被当作药类。《本草纲目》中就说火药能治疮癣、杀虫、辟湿气、瘟疫。这火药也不能让人长生不老，还容易炸到人，炼丹家对它其实也没多大兴趣。后来，火药的配方由炼丹家转到军事家手里，才逐渐成为中国古代四大发明之一的黑火药。

火药武器的发展

火药发明前，军事家常用的进攻方式就是火攻。诸葛亮老先生就总这么玩，在箭头绑一些油脂、松香、硫黄，点燃了射出去，敌人的阵地就被烧着了。如果用火药代替一般易燃物，效果要好得多。火药发明前，攻城、守城一般是用抛石机扔石头和油脂火球；火药发明之后，火药包就把这些全代替了。

904 年，割据江淮的杨行密围攻豫章，部将郑璠使用“发机飞火”，把城门给烧了，这可能是拿火药攻城最早的记录。“飞火”就是“火炮”“火箭”之类的武器。“火炮”是把火药制成环状，把吊线点燃后用抛石机抛出去；“火箭”则是把火药球绑在箭镞之下，将引线点燃后用弓射出。

宋朝经常跟辽、金、西夏和蒙古交战，自己没点儿本事肯定不行，于是便继承和改进了古老的弩炮，并将火药引入城池守卫战中，率先开启了热兵器时代。

宋代工商业特别发达，国防也完全是建立在这种庞大的军工体系之上。军器监是当时管全国军器制造的官方机构，有 4 万多名雇工；监下分十大作坊，且火药和火器都有单独的作坊。

史书上说，当时的生产规模已经非常大。1084 年正月，为了和西夏打仗，北宋政府调了 25 万支火药箭；二月，北宋政府又调运火药箭 2000 支、火炮箭 2000 支、火弹 2000 枚。所谓火弹，是指火蒺藜一类拿罐装的火器。

用得多了，火药和火药兵器技术水平就也提高了。世界上使用火炮的最

绢画《降魔变》

是中国最早的火药火枪使用艺术描绘，于五代十国时期（907—960 年）绘成，在敦煌莫高窟被发现。

早记载，是在 1132 年正月初九。当时建州（今福建省建瓯市）民众为了反抗盐榷制度而聚众起义，南宋政府派韩世忠率兵镇压。韩世忠架着大炮，也就用了六天，就把起义者占据的建州城给攻破了。

除了火炮，还有突火枪。南宋的寿春府“造突火枪，以巨竹为筒，内安子窠，如烧放，焰绝然后子窠发出，如炮声，远闻百五十余步”。火药爆炸让突火枪产生推动力，从而将安装在竹筒内的子弹射出，达到杀伤敌人的目的，这已经有了现代枪炮的雏形。

霹雳炮和钓鱼城

宋朝在火药及火器的研究上，和后面的朝代都不一样，对于民间研究军事技术不仅不加监管，还给发奖，于是火药和火器就得到了快速发展。所以，

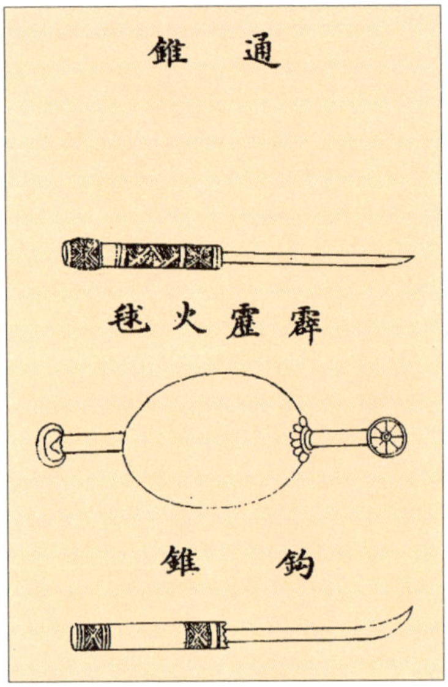

《武经总要》霹雳火球图

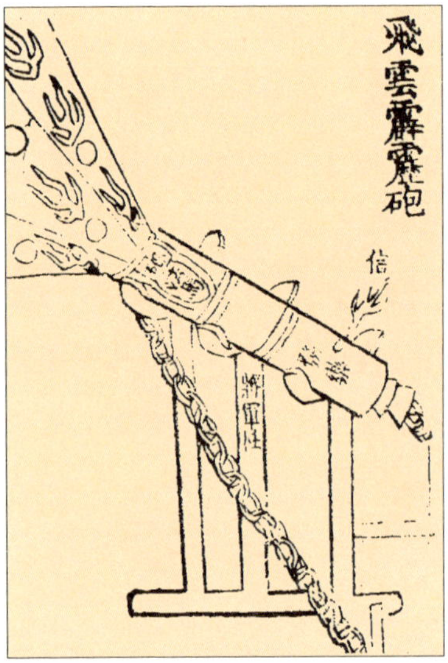

飞云霹雳炮

是明代嘉靖二十五年（1546 年）创制的一种轻型爆炸性火炮。炮身用铁制造，安于架上，发射生铁铸造的球形炮弹，至敌方营寨爆炸后，弹片四散横飞，杀伤敌军战具和人马。

虽然宋朝将士的战斗力不行，但是守城可是一绝，只要你敢来攻城，我就拿大炮轰你。

在北宋早期，火器还处在初级阶段，那时的火器只被当作一种特殊的火攻手段。像是用砷制成的毒气弹、用石油制成的燃烧弹，或掺杂一些发烟的毒性药物，主要看中火药能烧，用来烧敌人的防御工程和后勤物资，看着挺热闹，其实杀伤力一般。

北宋晚期，就开始有了爆炸性火器。这种武器是很厉害的，比较典型的“霹雳炮”，是用火药、陶瓷和竹筒制成的，炸起来陶片乱射，比光放火厉害很多。

1126 年，金人围攻汴京，宋将李纲就是拿这种霹雳炮击退了金兵。次年，赵宋宗室赵士晤在洺州与将士死守，用飞火炮炸碎了金人的攻城器具。

在 1161 年的胶州湾海战，南宋舰队大发神威，用火箭和火球把金人连人带船烧了个精光，“火箭环射，箭所中，烟焰旋起，延烧数百艘（金船）”，这是火药和火器首次被用于海战。1207 年，金军带兵二十万进攻襄阳。宋军荆鄂都统赵淳率部守城，他们以霹雳炮、火箭等火器对金军进行反击，最后守住了襄阳。

1251 年，蒙古帝国进入蒙哥时代，势力也达到了巅峰。蒙古军队谁也不服，在西征中把那些欧洲国家如俄罗斯、匈牙利、波兰，都给打得稀里哗啦，但蒙哥却在打宋朝的时候明白了谁才是大哥。钓鱼城久攻不下，损兵折将，蒙哥大汗气得直接在 1259 年自己去指挥攻城。但他来了也没什么用，北宋的火炮也没给他多少面子，一炮就把他的军队轰成了碎片，再来一炮，直接把他炸成重伤。不久后，蒙哥的小命也交代在这儿了。

这场战争让宋朝又多活了 20 年，还间接地改写了整个世界历史——蒙古军没老大了，那还在欧洲作战的部队也都匆匆忙忙撤了回来。瑟瑟发抖的亚欧大陆的众多国家终于松了口气，从此留下一句名言：“上帝的鞭子折断了！”

火药，受到外界刺激后，可以迅速而规律地燃烧，并产生大量高温燃气，在军事上主要用作枪弹、炮弹的发射药和火箭、导弹的推进剂及其他驱动装置的能源，是弹药的重要组成部分，是人类文明史上一项杰出的成就。

第七章 文化交流

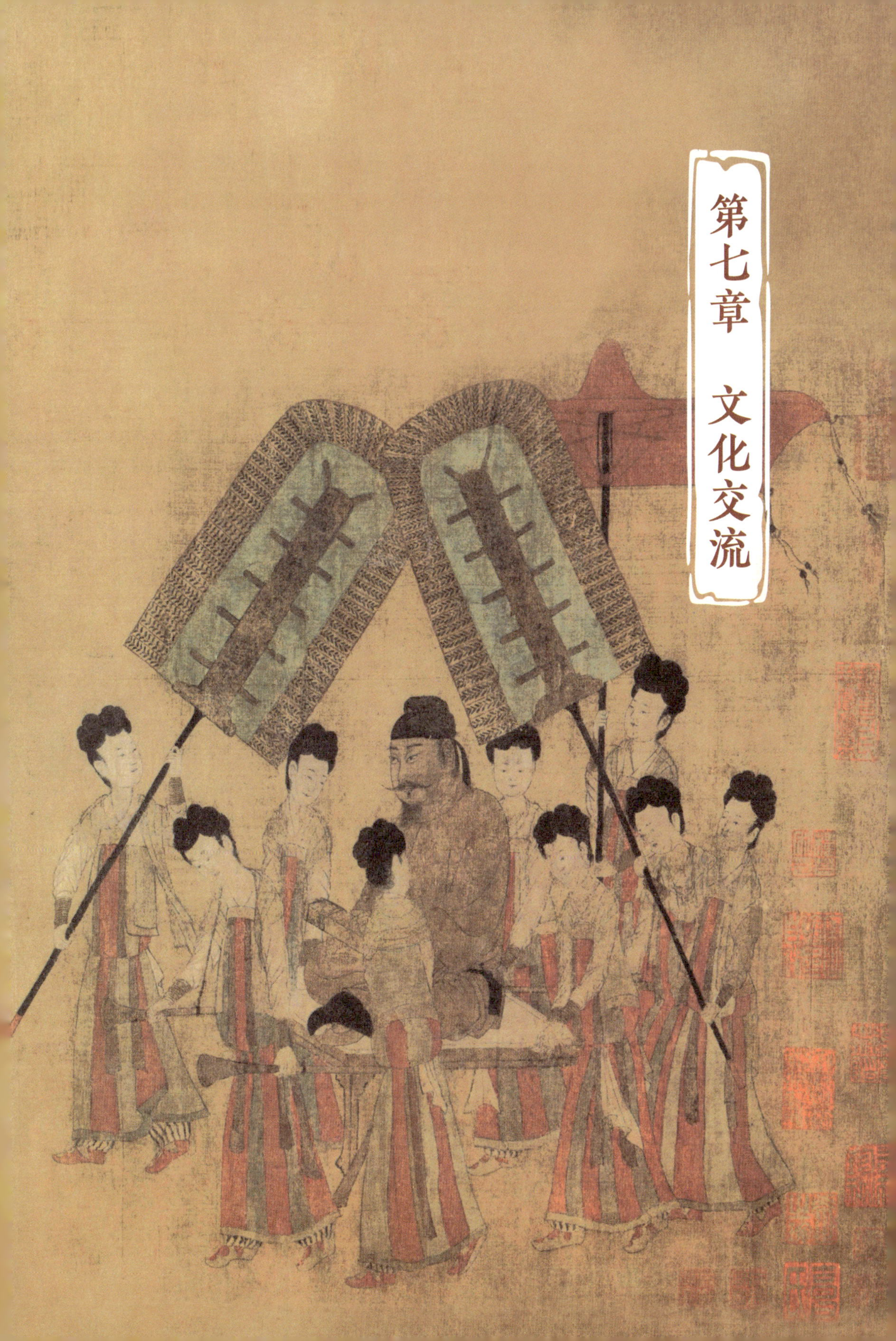

丝绸之路

先秦时期，中西交流的通道便已贯通，但丝绸正式向西传播，还要到西汉时期“丝绸之路”的开通。这个时期，丝绸从哪儿来、到哪儿去、走哪条路都有史可查，十分清楚，中西方各国都在有计划、有组织地进行着商贸往来。那么，“丝绸之路”究竟是如何开辟的？又有多少丝绸通过这条路运到了西方？

丝路历史

张骞出使西域，“丝绸之路”正式开辟，西汉与西域诸国的联系逐渐变多。但此时，西域诸国还未完全脱离匈奴的控制，楼兰、车师等国甚至还会在匈奴的鼓动下，截杀、抢掠西汉派往西域地区的使者和商队。

公元前 108 年，为了确保西域通道畅通，汉将王恢率军打败楼兰，赵破奴率军击败车师。公元前 105 年，西汉又与乌孙王通婚，联合牵制匈奴。同时，为了打破匈奴对大宛的控制并得到大宛产的汗血宝马，汉武帝派李广利领兵攻克下大宛（今乌兹别克斯坦）。这一仗让西汉在西域的威名大震，西域的“丝绸之路”从此通行无阻。公元前 101 年，汉武帝在轮台和渠犁设立了使者校尉，负责西域屯田事务。这是西汉政府第一次在西域设置官员。此后，西汉政府就在西域建立了根据地。

公元前 60 年，汉朝政府打赢了对匈奴的战争，并在西域设置了都护府，这是汉王朝在葱岭以东（今巴尔喀什湖以南）广大地区正式设置行政机构的发端。从此，今新疆地区受到中央的管理，成为中国版图的一部分。以西域都护府的设立为标志，“丝绸之路”这条东西方交流之路开始进入繁盛时代。

“丝绸之路”的名字，源自一个叫李希霍芬的外国人。他是德国地质学家，19 世纪末，他在《中国》一书中，把“从公元前 114 年至公元 127 年，中国与亚洲中部、印度间以丝绸为贸易媒介的这条西域通道”称作“丝绸之路”。很快，这个名字便流传开来，得到了大家的普遍接受。其后，德国历史学家郝尔曼在 20 世纪初出版的《中国与叙利亚之间的古代丝绸之路》一书中，根据新的资料，把“丝绸之路”进一步延伸到地中海西岸和小亚细亚，“丝绸之路”也有了比较明确的定义，即古代中国经过中亚通往南亚、西亚以及欧洲、北非的陆上贸易交通要道。

传统的“丝绸之路”，从长安出发，途经阿富汗、伊朗、伊拉克、叙利亚等地达地中海，最后到达罗马，共计 6440 千米。这条道路连接着亚欧大陆，

张骞出使西域图

元至明　朱碧山款　张骞乘槎　银槎

表现的是汉代张骞乘槎寻访河源，至天河遇见牛郎织女，并带回支机石的故事。

是古代东西方文明的汇集之处，而丝绸则是其中标志性的贸易物品。数千年来，有各种人在这条路上漫步，如游牧民族、商人、外交家或学者等。

之所以叫“丝绸之路”，是因为西方认为丝绸最具东方特点。

逆差贸易

虽然被称为丝路贸易，但在汉代，中国主要输出的却是黄金。

在当时，有货币功能的物品有三种：贵金属（主要是黄金，也有用银子的）、铜钱、丝绸（帛）。但铜钱多了不好拿，所以先排除；而布帛作为货币，在当时国内都不是主要的形式，外贸更别提了。

《史记》《汉书》中提到张骞通西域：“金币帛直数千巨万”；又有黄金买马“天子既好宛马，闻之甘心，使壮士车令等持千金及金马以请宛王贰师城善马”。《史记·大宛列传》中也记载：“使者既多，而外国益厌汉币，不贵其物……使端无穷，而轻犯法……其使皆贫人子，私县官赍物，欲贱市以私其利外国。外国亦厌汉使……度汉兵远不能至，而禁其食物以苦汉使。汉使乏绝积怨，至相攻击。”从这里也能看出，在当时的“丝绸之路”上，有大量民间的商人假充汉使去和西域各国交易，吃的用的都要靠黄金去买，还可能受到压榨。

汉朝花大量的黄金，从西域购得诸多商品，这说明汉朝在贸易中花了很多钱，同时要有能力花出这些钱。前者是外贸的结果，后者是消费的能力。

在汉朝，无论官员还是百姓，都加入了“丝绸之路”的交易行列，这说明汉朝经济强大，有能力去消费。而贸易的另一边，“丝绸之路”沿线的其他国家，贸易的结果是顺差的。从汉朝进入的黄金和类似于丝绸的高规格消费品，最后或许也只有黄金被留下，而这些消费品却并未在本地被消化。它们有一个更好的去处，在当时另一个极为强大的国家——罗马帝国，有关学者的研究表明，当时的罗马帝国在这场贸易中存在严重逆差，黄金向东流失十分严重，为此，当局还实施了黄金管制。

中国与罗马帝国在贸易里都处于逆差，而其他国家，并没能将大量流入的黄金转化为投资，只供给那里的统治阶级使用。

在“丝绸之路”上，除了商品，还有一些宗教人士。公元前2年，大月氏使者伊存来朝，在帝都长安向中国博士弟子景卢口传《浮屠经》。从此佛教正式进入中国，历史上称这一佛教初传事件为“伊存授经”。

海上丝路

随着历史的发展，“丝绸之路”逐渐成为中西方古代时对所有政治、经济、文化来往通道的统一称呼。“西北丝绸之路”是张骞开辟的官方通道；“草原丝绸之路”北向蒙古高原，再西行天山北麓进入中亚；“西南丝绸之路”从长安到成都再到印度，山道极为崎岖；还有从广州、扬州等海边城市出发，从南洋到阿拉伯海，甚至远达非洲东海岸进行贸易的“海上丝绸之路”等。

“海上丝绸之路”是在汉武帝当政时形成的，其主路是一条从中国出发，往西航行的南海航路。同时，还有一条在“丝绸之路”中占次要地位的航线，那就是从中国向东到达朝鲜半岛和日本列岛的东海航路。

西汉初年，位于两广地区的南越国与印度半岛之间的海路被开辟。汉武帝灭南越国后，通过海路让海上贸易规模得到拓展，使“海上丝绸之路”得以发展。

三国时期，是“丝绸之路”从陆地到海洋的关键时期，起到了承先启后的作用，促进了“海上丝绸之路”的最后形成。为了同魏、蜀两国在水上打仗，也为了海上通行方便，孙吴积极发展水军，船舰的设计与建造有了很大进步，技术非常先进，规模也很大。在三国之后，其他的南方政权（东晋、宋、齐、梁、陈）也一直和北方对峙，这也推动了造船、航海的技术发展。航海经验的积累，为“海上丝绸之路”发展提供了良好的条件。

传为李公麟所绘西域古国人物图

魏晋以后，“海上丝绸之路”形成：广州是起点，经海南岛东面海域，穿越西沙群岛到达南海诸国，再经过马六甲海峡，去向印度洋、红海、波斯湾，贸易涉及的国家和地区有 15 个之多，丝绸是主要的输出品。不过，隋唐以前（6 世纪至 7 世纪），“海上丝绸之路”只是陆路的一种补充形式。

到了隋唐时期，在西域的连年战争，阻断了陆上的“丝绸之路”，也给“海上丝绸之路”发展提供了机会。到唐代，我国造船、航海技术发展迅速，开辟了很多航线并延伸到了东南亚、马六甲海峡、印度洋、红海，以及非洲大陆。最终，“海上丝绸之路”与陆上“丝绸之路”，成为我国与各国交流的主要通道。

宋朝时期，指南针广泛应用在航海领域，中国商船拥有了向更远地区航行的能力。宋朝和东南沿海诸国大多数时间关系都很不错，广州成为海外贸易第一大港。

元朝格外看重商业，鼓励进行海外贸易，贸易地区扩大到了亚、非、欧、美各大洲，还制定法则对外贸进行管理，“海上丝绸之路”达到鼎盛时期。

到了明朝，“海上丝绸之路”进入极盛时期，航路拓展至全球。郑和向西航行，七下西洋，是由明朝政府组织的大规模航海活动，足迹踏遍亚洲、非洲等 39 个国家和地区，达·伽马开辟欧洲到印度的航线，以及麦哲伦的环球航行都深受其影响。向东航行的“广州—拉丁美洲航线”，从广州出发，经澳门出海，至菲律宾马尼拉港，穿过海峡进入太平洋，东行至墨西哥西海岸。

明朝和清朝实施海禁，只有广州这一处大港被开放，这让其得到了很好的发展，形成了全球性的大循环贸易，影响力一直延续到鸦片战争之前。

汉朝通西域，刚开始是因为军事，但西域开通后，影响却远远超出了这一范围。这条举世闻名的“丝绸之路”，从西汉的敦煌开始，出玉门关，入新疆，再从新疆连接中亚、西亚，贯通中西的“丝绸之路”联系起了西汉和很多中亚国家，促进了它们之间的政治、经济、军事、文化的交流。

文成公主和亲

在历史长河中，有这样一些姑娘，用自己一生的幸福，去换取祖国江山社稷短暂的安稳，这种做法，被唤作和亲。和亲路上的未知风险、骨肉分离之痛、难挨的思乡之苦，都要在漫漫长夜，由她们和着泪水独自吞下，她们是可怜的，也是伟大的。唐朝的文成公主便是其中之一，但她却远比其他姑娘幸运，因为她既维持了唐朝边境的暂时稳定，也寻到了属于自己的幸福，这究竟是怎么一回事儿呢？

六试婚使

“和亲、联姻”早在殷商时期便已有之。最有名的要数西汉初年汉高祖刘邦确立的“和亲”政策，这为他免去了灭顶之灾，也促进了汉民族和周边民族的和谐发展。

634 年，刚统一青藏高原不久的松赞干布，派使臣来到大唐，提出娶一位公主的请求，遭到太宗拒绝。而夹在唐朝和吐蕃间的吐谷浑王恰好也在现场，吐蕃使者回去后便对松赞干布说，唐朝拒绝婚约，就是吐谷浑王从中搅和所致。

638 年，松赞干布带兵大败了吐谷浑，直逼唐朝松州，说如果不答应求亲请求，就率军攻进唐朝。好在大唐守军牛进达打败了吐蕃，震慑了松赞干

松赞干布画像

布。于是，他在唐军主力到达前，离开了所占之地，并遣使赔罪，再次请婚，派使臣噶尔·东赞域松（唐朝称之为禄东赞）带着五千两黄金及大量珍宝来正式下聘礼。

但在此时，天竺、格萨、大食、霍尔的国王也派了使臣求婚，他们都希望迎娶文成公主。太宗便让婚使们进行比赛，谁更聪明，谁就可以迎娶公主。

第一场，要将一根软绫缎穿过九曲明珠的孔眼。比赛一开始，绫缎和明珠就被其他使臣夺走了，但即便如此，他们也没想到什么办法。而噶尔·东赞域松发现大树下有只蚂蚁，于是灵机一动，他将丝线的一端系在蚂蚁的腰上，另一端则缝在绫缎上，并在孔眼的一端抹上蜂蜜，把蚂蚁放在另一端，他一吹气，蚂蚁便嗅着蜂蜜的味道，带着丝线，穿过盘曲的小孔，慢慢地从另一边爬了出来，而绫缎也就随着丝线穿过了九曲明珠。

第二场比赛，把一百匹母马和一百匹马驹的母子关系确定出来。婚使们有的按毛的颜色分、有的按年龄分、有的按高矮分，结果都失败了。最后到了噶尔·东赞域松，他讨教了马夫后，把母马和马驹都分别关了起来，在一天内，只给马驹草料，不给水喝。次日，再将马驹放回母马中，口渴的马驹，很快便找到了各自的母亲吃奶，母子关系也就这样被分辨出来了。

第三场比赛，是让使臣们在一天内喝完一百坛酒，吃完一百只羊，并把羊的皮子揉好。其他使臣和侍从很快把羊杀了，之后又大碗喝着酒，大口吃着肉，肉还没吃完，人已经醉了，皮子也没办法揉了。噶尔·东赞域松则仍然保持了镇定，先让跟从的一百名侍从排成队把羊杀好，然后按顺序一面小口喝酒，小块吃肉，一面揉皮子，边吃边喝边干边消化。不到一天的时间，酒喝完了，肉吃净了，皮子也揉完了。

第四场比赛，唐太宗给使者们一百段松木，让他们分出根和梢。噶尔·东赞域松便命人把松木全都运到了河边，扔进水里。根比较沉，沉入水中，而梢较轻，浮在水上，根与梢也很快分清楚了。

第五场比赛，黑夜出入皇宫不迷路。一天晚上，唐太宗突命敲鼓，召使臣入宫商讨事情。到了皇宫后，唐太宗又让他们马上返回，看看谁能准确地找到自己住的地方。噶尔·东赞域松在刚来时，就因为害怕迷路，在很多关键的路段都涂上了标记。结果他凭着事先做好的标记，再一次赢得了比赛。

最后一场比赛，是分辨出公主。这是最为关键的一步，太宗和诸臣子亲自来到殿前进行考察。300名衣着艳丽、容貌相似的宫女，分左、右两列依次从宫中排开，宛如天外飞仙，飘然而至，容颜秀美，体形婀娜，轻移莲步，如踏波而行，让人看得如痴如醉。

其他使臣一时慌了心神，难以辨认。噶尔·东赞域松却早已事先从公主的侍女那里得知，公主的身材窈窕，皮肤光洁，双眼有神，右颊有骰子点纹，左颊有一莲花纹，额间有黄丹圆圈，牙齿洁白，颈部有一颗痣。经反复寻找，噶尔·东赞域松最终在左行的第六位找到了公主。

进藏之路

婚试结束，太宗很高兴，便将文成公主许给了松赞干布，噶尔·东赞域松完成了自己的使命，成为传颂千年的一段佳话。唐朝著名画家阎立本所绘、吴道子摹本的《步辇图》，就很生动地描绘了噶尔·东赞域松赴唐迎亲时与唐太宗见面的情形。

641年正月十五，文成公主正式出嫁。所备下的妆奁十分丰厚，有各种丝绸、珍宝、书卷、佛像等。文成公主在唐送亲使江夏王李道宗（文成公主的父亲，太宗的堂弟）和吐蕃迎亲专使噶尔·东赞域松的伴随下，前往吐蕃。

一行人从长安出发，经过西宁，翻日月山，一番辛苦跋涉后，终于到达了拉萨。

据说当年文成公主离开长安，一路风霜来到高原大漠上，望着苍茫浩渺的来路，不由得对远在长安的家人心生怀念。母亲离别前，曾取一宝镜对她叮嘱："若想念亲人，便取镜来观，就可以看到母亲。"

"母亲，你可知道女儿有多想你。"文成公主这样想着，拿起了宝镜。

镜中没有母亲的踪影，只映照出一张憔悴的脸，那是她的，因过度的思念而愁眉不展。

她知道，自己见不到母亲了，气愤地将那面镜子狠狠摔碎，过去的生活已经一去不返。落地的镜子化成一座高山——日月山，挡住了一条东去的河流，河水不得不掉头回流，于是人们称这条河叫倒淌河。河流尚且可以回家，自己又能去向何方呢?

松赞干布亲自带人在柏海相候，与李道宗一行见面，执子婿之礼，甚是谦恭，他说："我的祖上没有和唐朝通婚的人，如今能够迎娶公主，是我的荣幸。"几人一起领略了河源风景。在李道宗等唐使返回后，松赞干布即送公主进藏。

伉俪情深

为解文成公主思念家乡之苦，松赞干布比照长安城，为她造了一座城池，还修建了一座唐朝风格的宫室，从这可以看出他对公主的用心程度。

文成公主不太喜欢藏人们的一些陋习，据《新唐书》中记载："公主恶国人赭面，弄赞下令国中禁之。"赭面就是把自己的脸用颜料涂成红色。公主不喜欢这种习俗，松赞干布也没有强求，反而下令将这一习俗禁止。

之后，松赞干布在公主的建议下，还去掉了其他一些落后的风俗，整个藏族的文明开化程度得到了很大的提高。松赞干布还亲自穿丝绸衣服，体验中原的民俗，并教吐蕃贵族子弟学习《诗经》《尚书》，用来传扬中原的文化。

据史书记录，一进藏，文成公主便被松赞干布封为王后，以示尊敬，并在其死后尊为"赞蒙文成公主"，享有极高荣誉。去世之后不仅被称为赞蒙还能获得祭祀的，在松赞干布的众多王妃之中，只有文成公主一人。松赞干布对文成公主既喜欢又尊重，二人感情深厚，十分相配。

步辇图

是以贞观十五年（641 年）吐蕃首领松赞干布与文成公主联姻的历史事件为题材，描绘唐太宗接见来迎娶文成公主的吐蕃使臣禄东赞的情景。

唐蕃友好

文成公主嫁给松赞干布后，唐朝和吐蕃的关系也得到了改善，两国经济交流逐渐频繁。仰慕中原文化的松赞干布，还趁公主进藏之机，将多部儒家经典和史学著作引入西藏，并让贵族子弟进行学习。文成公主也是学识渊博的人，她将儒家和墨家的学说融入吐蕃思想，宣扬和平相处的理念，大唐的西部边境得以巩固。

文成公主还将养蚕和刺绣的技术教给吐蕃女人，将汉字书法和绘画教给精于此道的人，并让师傅通过收徒的方式让汉文化在吐蕃传播。同时，她还带了多部佛经和一尊释迦牟尼像，进藏后，她将藏族佛教和中原佛教结合，使佛教呈现出新的风貌。

她还努力学习藏语，与松赞干布一起进行藏族佛经的翻译，并将翻译的藏族佛经传回中原，让中原的佛教也得到了很大的发展。文成公主做出的这些贡献，让她在藏族佛教中拥有很高的名誉，被认为是绿度母菩萨的化身。

650年，松赞干布去世，文成公主以王后的身份，在吐蕃又生活了30年，她喜爱藏族同胞，深受百姓爱慕和尊重。

文成公主病逝后，吐蕃族人民为了感恩她，特地建造了文成公主庙，以示纪念。

文成公主远嫁吐蕃，促进了唐朝和吐蕃间的经济、文化交流，为增进汉族和藏族人民的关系，做出了巨大的贡献。

图书在版编目（CIP）数据

纪连海点评中华上下五千年. 事件卷 / 纪连海著. —北京：中国工人出版社，2022.6
ISBN 978-7-5008-7882-7

Ⅰ. ①纪… Ⅱ. ①纪… Ⅲ. ①中国历史 - 大事记 - 通俗读物 Ⅳ. ①K209

中国版本图书馆CIP数据核字（2022）第086073号

纪连海点评中华上下五千年. 事件卷

出 版 人 董 宽
责任编辑 葛忠雨
责任校对 丁洋洋
责任印制 黄 丽
出版发行 中国工人出版社
地　　址 北京市东城区鼓楼外大街45号 邮编：100120
网　　址 http：//www.wp-china.com
电　　话 （010）62005043（总编室）（010）62005039（印制管理中心）
（010）62379038（社科文艺分社）
发行热线 （010）82029051 62383056
经　　销 各地书店
印　　刷 三河市东方印刷有限公司
开　　本 710毫米×1000毫米 1/16
印　　张 19
字　　数 221千字
版　　次 2022年7月第1版 2022年7月第1次印刷
定　　价 88.00元